阶梯汉语
STEP BY STEP CHINESE
初级口语
Chinese Speaking
Elementary

I

本册主编
刘 荣

副主编 王永场
参加人员 雷 莉 张晓洪 邓 波
陈 茉 程 文 鲜丽霞

华语教学出版社
SINOLINGUA

First Edition 2007
Third Printing 2012

ISBN 978-7-80200-259-3

Published by Sinolingua
24 Baiwanzhuang Road, Beijing 100037, China
Tel:(86)10-68320585, 68997826
Fax:(86)10-68997826, 68326333
http://www.sinolingua.com.cn
E-mail:hyjx@sinolingua.com.cn
Printed by Beijing Mixing Printing Co., Ltd.

Printed in the People's Republic of China

前言

本教材的教学对象是汉语起点为零的一年级外国留学生。

一、编写原则

（一）体现口语课型特点：

1. 课文内容是与留学生日常生活密切相关的对话；
2. 语言表达注重口语形式；
3. 语言点针对课文内容选取，不描写系统的框架；
4. 练习侧重于表达，同时有一定的语音、结构训练，力求形式多样化。

（二）语料贴近日常生活：

会话语料一般由编写人员撰写，注意表达自然、语言规范。

（三）以生活交际为线索安排对话：

会话总是表现出一定的交际内容，以生活中的交际内容为线索，能使学生学以致用，满足学习生活中的需要。因此课文均为交际会话，内容均与日常生活密切相关。

（四）与综合课教材接轨：

语言点的选取避免与综合课重复，不描写系统的框架。

二、结构安排

本教材共有40课，分上下两册。上册1～19课，下册20～40课。每课包括课文、生词、注释、练习。

（一）生词

由三部分组成：生词、专名、情境词。情境词是课文里会话情境说明里的词。每课生词量一般在20个以内。

（二）课文

贴近学生日常学习生活的对话。

（三）注释

语言点随课文内容选取，选取对理解课文有障碍的语言内容加以意义和用法的注释。

（四）练习

练习侧重于口头表达，同时进行语音、结构的基础训练。

三、教学时数

全书可上144课时，一课约需3～4课时。

本教材是周小兵先生主持编写的中国对外汉语教学学会华南分会对外汉语系列教材中的一部，由四川大学海外教育学院刘荣、王永场、雷莉、邓波、张晓洪、陈茉、程文、鲜丽霞等教师合作编写。

教材在编写过程中，得到了四川大学海外教育学院王文虎教授的具体指导和帮助，在此表示衷心感谢。

编者

2006年11月

Preface

Users of this book are aimed as the first year foreign students in Chinese universities virtually without any command of Chinese.

Compiling principles

1. Spoken Chinese oriented

(1) Texts of this book are dialogues closely related to daily activities of the aimed users;

(2) Language expressions are more focused on spoken language;

(3) Language points are based on the contents of the texts instead of being presented in a systematic way;

(4) Exercises focus on speaking ability while phonetic and structural practices are also included.

2. Material selection closely linked to daily life

Dialogue materials are written by the compilers to be as natural and standard expressions.

3. Dialogues are arranged as based on daily communications

Dialogues are based on daily communications and closed linked to daily life experiences to enable the learners to apply what they've leant to their practical needs.

4. Independent of comprehensive textbooks

The selection of language points are not repetitive with that of comprehensive textbooks and are not presented in a systematic way.

Structure of the book

There are 40 lessons divided into two parts. Part One contains Lesson 1 to Lesson 19, Part Two Lesson 20 to Lesson 40. Each lesson is composed of texts, new vocabulary, explanatory notes and exercises.

1. New Vocabulary

Words are consisted of New Vocabulary, Proper Nouns and Situational Words which are shown in the situational explanation of each dialogue. Each lesson has no more than 20 new words.

2. Texts

Texts are dialogues closely linked to daily life of the students.

3. Notes

Notes are added to explain meanings and expressions for a better understanding of the texts.

4. Exercises

Exercises are focused on spoken expressions, as well as basic phonetic and structural practices.

Teaching hours

The whole book may take 144 teaching hours, and each lesson 3~4 teaching hours.

As part of Chinese teaching textbooks produced by the South China Branch of the International Society for Chinese Language Teaching, as supervised by Mr. Zhou Xiaobing, this one has been collaborated by Liu Rong, Wang Yongchang, Lei Li, Deng Bo, Zhang Xiaohong, Chen Mo, Cheng Wen and Xian Lixia, teachers from the School of Overseas Education, Sichuan University.

Our heartfelt gratitude goes to Professor Wang Wenhu of the School of Overseas Education of Sichuan University for his instruction and support.

From the Compilers

November 2006

目 录

第一课

你好

Dì-yī kè　Nǐ hǎo

（在路上）

玛丽：你好。

路人：你好。

玛丽：请问，第一大学在哪儿？

路人：在那儿。

玛丽：谢谢。

路人：不谢。再见。

玛丽：再见。

(Zài lùshang)

Mǎlì: Nǐ hǎo.

Lùrén: Nǐ hǎo.

Mǎlì: Qǐngwèn, Dì-yī Dàxué zài nǎr?

Lùrén: Zài nàr.

Mǎlì: Xièxie.

Lùrén: Bú xiè. Zàijiàn.

Mǎlì: Zàijiàn.

生　词　New Vocabulary

1. 你	(代)	nǐ	you
2. 好	(形)	hǎo	good, fine
3. 请	(动)	qǐng	request, ask (a favor)
4. 问	(动)	wèn	ask
5. 请问	(动)	qǐngwèn	Excuse me, may I ask...
6. 在	(动)	zài	be at/in/on
7. 哪儿	(代)	nǎr	where
8. 那儿	(代)	nàr	there
9. 谢谢	(动)	xièxie	thank you
10. 再见	(动)	zàijiàn	good-bye, see you again

专　名　Proper Nouns

1. 玛丽	Mǎlì	
2. 第一大学	Dì-yī Dàxué	First University

情境词　Situational Words

1. 路上	(名)	lùshang	on the road, en route
2. 路人	(名)	lùrén	passerby, stranger

注　释　Explanatory Notes

1. 请问

对陌生人提问时，用来引起对方注意和表示礼貌。例如：

A polite way of getting someone's attention. It is used when asking a stranger a question. For example:

(1) 请问，你是学生吗？ Excuse me, are you a student?
(2) 请问，第一大学在哪儿？ Excuse me, where is the First University?
(3) 请问，你是谁？ Excuse me, who are you?

2. 哪儿

疑问代词。意思是“哪里、什么地方”。常构成“名词+在+哪儿”结构，询问地点。例如：

An interrogative pronoun meaning “where, which place”. It is commonly used with a noun + “在哪儿” to inquire about a location.

(1) 请问，第一大学在哪儿？ Excuse me, where is the First University?
(2) 你在哪儿？ Where are you?
(3) 食堂在哪儿？ Where is the dining hall?

练　习 Exercise

一、语音练习 Pronunciation exercises.

1. 四声练习 Practice the four tones.

mā	má	mǎ	mà	wēn	wén	wěn	wèn
yī	yí	yǐ	yì	nā	ná	nǎ	nà
bū	bú	bǔ	bù	nī	ní	nǐ	nì

2. 辨声母 Differentiate the initials.

bō - pō	jī - qī	zài - zhài
dà - tà	qué - xué	gū - kū
lì - nì	huó - fó	shén - rén

3. 读音节 Read the syllables aloud.

bú xiè	bù hǎo	bú qù	bù mǎi
hěn hǎo	yǔfǎ	yǒuhǎo	liǎojiě
bāozi	gēge	nàme	xièxie

二、认读下列句子，注意词序、重音和语调

Read the following sentences aloud, paying attention to the word order, accent, and intonation.

1. ——请问，第一大学在哪儿？↗
   ——第一大学在那儿。↘
2. ——请问，教室在哪儿？↗
   ——在那儿。↘
3. ——办公室在哪儿？↗
   ——在那儿。↘
4. ——请问，留学生宿舍在哪儿？↗
   ——在那儿。↘

三、完成对话 Complete the dialogues.

1. A：____________！
   B：你好！
2. A：____________？
   B：在那儿。
3. A：____________。
   B：不谢。

四、小游戏：声韵举示

Game: show the cards with an initial and a final to compose a syllable.

【做法】教师准备好汉语拼音声韵母卡片，可把声母卡片发给男生，把韵母卡片发给女生（每人可以得到不止1张），然后教师发单音节。例如："请"，听到声音后由持有该拼音声、韵母的同学分别举起该卡片（即Q和ING，不考虑声调）。在1秒中内正确举示卡片的学生各得1分，超过时间或误举者均扣1分，练习结束时由学生自报得分。

第二课

留学生宿舍在哪儿

Dì-èr kè　Liúxuéshēng sùshè zài nǎr

（在办公室）

玛丽：请问，留学生宿舍在哪儿？

小王：在那儿。你是新学生吗？

玛丽：对，我是新学生。

小王：我们一起去吧！

玛丽：好。

(Zài bàngōngshì)

Mǎlì: Qǐngwèn, liúxuéshēng sùshè zài nǎr?

Xiǎowáng: Zài nàr. Nǐ shì xīn xuésheng ma?

Mǎlì: Duì, wǒ shì xīn xuésheng.

Xiǎowáng: Wǒmen yìqǐ qù ba!

Mǎlì: Hǎo.

生　词 New Vocabulary

1. 学生	（名）	xuésheng	student
2. 留学生	（名）	liúxuéshēng	foreign student
3. 宿舍	（名）	sùshè	dormitory
4. 是	（动）	shì	be
5. 新	（形）	xīn	new
6. 吗	（助）	ma	*a question particle*
7. 对	（形）	duì	right, yes
8. 我	（代）	wǒ	I, me
9. 我们	（代）	wǒmen	we, us
10. 一起	（副）	yìqǐ	together
11. 去	（动）	qù	go
12. 吧	（助）	ba	*an imperative particle, used with a suggestion*
13. 好	（形）	hǎo	OK, all right, good

专　名 Proper Nouns

王	Wáng	Wang (a surname)

情境词 Situational Words

办公室	（名）	bàngōngshì	office

注　释 Explanatory Notes

1. 吗

语气助词。表疑问。一般用在是非疑问句的句末。例如：

This is an interrogative auxiliary word of expression. It is commonly used at the end of a "yes/no" sentence. For example:

（1）A：你是新学生吗？　　Are you a new student?

B：对，我是新学生。（肯定）
Yes, I am a new student. (affirmation)
B：不，我不是新学生。（否定）
No, I am not a new student. (negation)

（2）你是韩国人吗？ Are you Korean?

（3）你是老师吗？ Are you a teacher?

2. 吧

语气助词。此处表示建议。例如：

An auxiliary word of expression. Here it indicates a suggestion. For example:

（1）A：我们一起去吧。 Let's go together.
B：好。 All right.

（2）我们下课吧。 Let's finish class.

（3）你们来吧。 Come over.

练　习 Exercise

一、语音练习 Pronunciation exercises.

1. 四声练习 Practice the four tones.

liū	liú	liǔ	liù	sū	sú	sǔ	sù
shī	shí	shǐ	shì	qū	qú	qǔ	qù
duī	duí	duǐ	duì	zāi	zái	zǎi	zài

2. 辨别韵母 Differentiate the finals.

bān - bāng	duī - dūn	xué - xiě
shé - shéi	qún - lún	shēng - shēn
yuè - yè	tuì - jiù	gòng - gòu

3. 读音节 Read the syllables aloud.

qǐng zuò	qǐng chī	qǐng hē	qǐng xiě
értóng	èrjiě	ěrduo	nǚ'ér
wánr	huār	xiǎoháir	yíhuìr

二、读下列句子，注意词序、重音和语调

Read the following sentences aloud, paying attention to the word order, accent, and intonation.

1. —你是新学生吗？↗
   —对，我是新学生。↘
2. —办公室在那儿吗？↗
   —不，办公室不在那儿，在这儿。↘
3. —他们在教室吗？↗
   —对，他们在教室。↘
4. —她在宿舍吗？↗
   —不，她不在宿舍，在教室。↘
5. 我们一起去办公室吧。↘
6. 我们一起去教室吧。↘
7. 我们一起回宿舍吧。↘
8. 喝茶吧。↘
9. 坐吧。↘
10. 吃吧。↘

三、完成句子 Complete the dialogue.

1. A：____________？
   B：不，我不是新学生。
2. A：____________？
   B：对，我去办公室。
   A：____________。
   B：好，我们一起去。

四、小游戏：填调号，辨音节 Game: add tone marks, differentiate the syllables.

【做法】教师把写有15个双音节但未标调号的练习发给学生。第一步，教师念音节，学生在听到的音节上标调号，然后教师通过提问来核对答案。比如，教师问第一个，学生回答qing zuo 3，4，（即第3声，4声）。核对完毕，做第二步：教师读音节，要求学生从第20号依次核对是否一致，若相同则画勾，若不同则打叉。

五、信息差会话：打招呼

Conversation based on finding out the missing information: greeting.

说明：题目中的字母应根据教学实际换用中文名字，实际数量也视班上人数来定。分别阅读材料应由教师比照题目并按照学生人数具体制作，然后分发给学生，不同的学生得到的阅读材料是不同的。统一阅读材料经过教师具体制作后发给每一个学生阅读。（后同）

1 统一阅读材料：

A 向 B 打招呼；B 向 C 打招呼；D 向 E 打招呼；
E 向 F 打招呼；F 向 G 打招呼；G 向 H 打招呼；
W 向 X 打招呼；M 向 N 打招呼；P 向 Q 打招呼；
S 向 老师 打招呼。

2 分别阅读材料：

你是 A。你是 B。你是 C。你是 D。你是 E。你是 F。
你是 G。你是 H。你是 W。你是 X。你是 M。你是 N。
你是 P。你是 Q。你是 S。

3 会话练习：

按照阅读材料自我介绍、打招呼及问候。

第三课

留学生多吗

Dì-sān kè　Liúxuéshēng duō ma

（在路上）

玛丽：老师，宿舍远吗？

小王：不远。

玛丽：留学生多吗？

小王：很多。这儿就是留学生宿舍。

玛丽：谢谢您，老师。

小王：不用谢。

(Zài lùshang)

Mǎlì: Lǎoshī, sùshè yuǎn ma?

Xiǎowáng: Bù yuǎn.

Mǎlì: Liúxuéshēng duō ma?

Xiǎowáng: Hěn duō. Zhèr jiù shì liúxuéshēng sùshè.

Mǎlì: Xièxie nín, lǎoshī.

Xiǎowáng: Búyòng xiè.

生　词 New Vocabulary

1. 老师	（名）	lǎoshī	teacher
2. 远	（形）	yuǎn	far (away)
3. 不	（副）	bù	no, not
4. 多	（形）	duō	many, numerous
5. 很	（副）	hěn	very
6. 这儿	（代）	zhèr	here
7. 就	（副）	jiù	exactly, precisely, just
8. 您	（代）	nín	you (formal)
9. 不用	（副）	búyòng	no need, not have to

注　释 Explanatory Notes

就

副词。表示强调肯定某种事实的语气。例如：

An adverb emphasizing and affirming a certain fact or statement. For example:

（1）这儿就是留学生宿舍。（强调肯定“是”）

This is the foreign students' dormitory.

(Emphasizes the affirmative nature of "is".)

（2）他就是你们老师。　He is your teacher.

（3）这就是我们的教室。　This is our classroom.

练　习 Exercise

一、语音练习 Pronunciation exercises.

1. 读音节 Read the syllables aloud.

duōshǎo	duōme	bú huì	bù chī
duōxiè	tuōyùn	yìqǐ	yíyàng
yánjiū	kěnqiè	shīfu	yàoshi

2. 音节连读 Read the syllables aloud together.

liúxuéshēng　　xièxie nǐ　　búyòng xiè
bù hěn hǎo　　hěn bù hǎo　　yǒudiǎnr lěng
yǒudiǎnr rè　　yìxiē rén

二、读下面的句子，注意重音和语调

Read the following example sentences aloud, paying attention to the word order, accent, and intonation.

1 A：请问，留学生宿舍在哪儿？↗
B：不远，你看，那儿**就是**。↘
A：教室远吗？↗
B：不远，你看，那儿**就是**。↘

2 A：你的家远吗？↗
B：很远。↘

3 A：你是王老师吗？↗
B：对，我**就是**王老师。↘
A：这儿是办公室吗？↗
B：对，这儿**就是**办公室。↘

4 A：你的汉语书多吗？↗
B：不多。↘
A：他的朋友多吗？↗
B：很多。↘

三、完成对话 Complete the dialogue.

1 A：________，宿舍________？
B：在那儿。
A：________！
B：不用谢。

2 A：________远吗？
B：不远，你看，________。

四、看图说话 Talk about pictures.

五、小游戏：写拼音比赛 Game: *Pinyin* contest.

【做法】学生分为两组（若男女生人数大致相当，可分为男生组、女生组；若人数多，也可分为三、四组），每组出一人在黑板上听写拼音。如果声、韵、调三者都对，则留下继续写，若有一处错误，则退下，换第二人上，最后哪个组剩下的“后备力量”多则获胜。

六、信息差会话：向别人做自我介绍

Conversation based on finding out the missing information: self-introduction.

1. 分别阅读材料：

   姚明，女，中国，北京，20岁，12楼，篮球运动员。
   姚明，女，中国，上海，19岁，11楼，篮球运动员。
   姚明，女，中国，天津，21岁，21楼，篮球运动员。
   姚明，女，中国，成都，32岁，16楼，篮球运动员。
   姚明，女，中国，西安，12岁，61楼，小学篮球运动员。
   姚明，女，中国，广州，5岁，51楼，幼儿园篮球运动员。
   你是记者，想采访姚明，但不认识姚明。
   你要找最小的姚明。
   你要找最大的姚明。
   你要找第二大的姚明。
   你要找住61楼的姚明。
   你是追星族，追的是篮球明星姚明。

2. 会话练习：

   通过对话找到你要见的姚明。

第四课

你是哪国人

Dì-sì kè　Nǐ shì nǎ guó rén

玛丽：你好！

莎莎：你好！

玛丽：我叫玛丽，我是美国人。
　　　你是哪国人？

莎莎：我是俄罗斯人，我叫莎莎。
　　　我们是同屋吗？

玛丽：对。

莎莎：啊，太好了。

Mǎlì: Nǐ hǎo!

Shāshā: Nǐ hǎo!

Mǎlì: Wǒ jiào Mǎlì, wǒ shì Měiguó rén.
Nǐ shì nǎ guó rén?

Shāshā: Wǒ shì Éluósī rén, wǒ jiào Shāshā.
Wǒmen shì tóngwū ma?

Mǎlì: Duì.

Shāshā: À, tài hǎo le.

第4课

生　词 New Vocabulary

1. 叫	（动）	jiào	call, name
2. 国	（名）	guó	country, nation
3. 人	（名）	rén	person
4. 哪	（代）	nǎ	which
5. 同屋	（名）	tóngwū	roommate
6. 啊	（叹）	à	oh; *used in direct address and exclamation*
7. 太	（副）	tài	very, extremely, so
8. 了	（助）	le	*a particle indicating a new situation*

专　名 Proper Nouns

1. 莎莎	Shāshā	
2. 美国	Měiguó	America
3. 俄罗斯	Éluósī	Russia

注　释 Explanatory Notes

太 + 形容词 + 了

在这里表示程度很高或强烈的感情。例如：

太 +adjective+ 了 indicates a high level of emotion. For example:

（1）啊，太好了，我们是同屋。　Oh great, we are roommates.

（2）我太高兴了。　I'm so happy.

练　习 Exercise

一、语音练习 Pronunciation exercises.

1. 读音节 Read the syllables aloud.

guójiā　　tóngxué　　luópán　　sīchóu

yīngxióng　jīhuì　měitiān　wùlǐ

fángjiān　shāfā　Lúndūn　réngrán

2. 音节连读 Read the syllables aloud together.

fēicháng hǎo　bú huì cuò　chī bu wán

yì zhāng zhǐ　hǎo péngyou　xué Hànyǔ

diànshìjī　yí gè rén　bú tài chà

二、认读下列句子 Read the following sentences aloud.

1 A：你是哪国人？↗

B：我是捷克人。↘

她是德国人。我是越南人。

她是俄罗斯人。我们是韩国人。

他们是美国人。他们是巴西人。

他是日本人。我是中国人。

他是几内亚人。他是法国人。

2 A：我们一起去教室吧。

B：太好了，走吧。

A：中国人多吗？

B：太多了。

A：第三大学远吗？

B：太远了。

A：你叫玛丽吗？

B：不，我不叫玛丽，叫莎莎。

三、连词成句 Form sentences with the words.

1 俄罗斯　他　人　是

2 叫　我　莎莎

3 你　哪国人　是

4 是　同屋　吗　我们

四、朗读并复述下面短文

Read the following short passage aloud and then retell.

玛丽和莎莎是留学生。玛丽是美国人，莎莎是俄罗斯人，她们是同屋。

五、全班每位同学介绍自己的名字和国籍

Each student in the class introduces his/her name and nationality.

六、看图说话 Talk about pictures.

七、信息差会话：掌握打电话的常用语、学会打电话

Conversation based on finding out the missing information: making a phone call.

1. 共同阅读材料

电话号码：

3254761（A） 7788662（B） 555666432（C） 33321456（D） 111666479（E）

8532415（F） 8976589（G） 3215468（H）

2. 分别阅读材料

你给A打电话，拨的号是7788662。

你给B打电话，拨的号是3215468。

你给G打电话，拨的号是111666479。

你给C打电话，拨的号是8532415。

你给D打电话，拨的号是555666432。

你给E打电话，拨的号是8976589。

你给F打电话，拨的号是3254761。

你给H打电话，拨的号是33321456。

你是A、B、C、D、E、F、G、H。

3. 会话练习

说出号码，接到电话，核对以后重拨。

第五课

你吃什么

Dì-wǔ kè　Nǐ chī shénme

莎莎：我们一起去吃饭吧！

玛丽：好。

莎莎：餐厅离宿舍远吗？

玛丽：不远，就在留学生宿舍后边。

（在餐厅里）

玛丽：你吃什么？

莎莎：我吃中餐。

玛丽：我吃西餐。我喝可乐，你呢？

莎莎：我喝茶。

玛丽：中餐好吃吗？

莎莎：很好吃。

Shāshā: Wǒmen yìqǐ qù chīfàn ba.

Mǎlì: Hǎo.

Shāshā: Cāntīng lí sùshè yuǎn ma?

Mǎlì: Bù yuǎn, jiù zài liúxuéshēng sùshè hòubian.

(Zài cāntīng li)

Mǎlì: Nǐ chī shénme?

Shāshā: Wǒ chī zhōngcān.

Mǎlì: Wǒ chī xīcān. Wǒ hē Kělè, nǐ ne?

Shāshā: Wǒ hē chá.

Mǎlì: Zhōngcān hǎochī ma?

Shāshā: Hěn hǎochī.

生　词　New Vocabulary

1. 吃	(动)	chī	eat
2. 饭	(名)	fàn	meal, rice
3. 餐厅	(名)	cāntīng	dining hall, restaurant
4. 后边	(名)	hòubian	behind, back
5. 离	(介)	lí	distant, apart from
6. 什么	(代)	shénme	what
7. 中餐	(名)	zhōngcān	Chinese food
8. 西餐	(名)	xīcān	Western food
9. 喝	(动)	hē	drink
10. 茶	(名)	chá	tea
11. 呢	(助)	ne	*a particle marking questions about a subject already mentioned*
12. 好吃	(形)	hǎochī	tasty, good to eat

专　名　Proper Nouns

可乐	Kělè	Cola

情境词　Situational Words

里	(名)	lǐ	internal, inside, interior

注　释　Explanatory Notes

1. ……离……远吗？

"离"，介词。"A 离 B 远"表示 A、B 两点间的距离远。例如：

离 is a preposition. A离B远 indicates that the distance between A and B is far. For example:

(1) 韩国离中国远吗？　　Is Korea far from China?

(2) 宿舍离教室远吗？ Is the dormitory far from the classroom?

(3) 学校离商店远吗？ Is the school far from the store?

"离+B"可省略，这时B指说话人所在的地点"这儿"。例如：

In a shortened version, "离+B" can be left out of the sentence. In this case B refers to the speaker's location, i.e., "here". For example:

(1) 老师，宿舍远吗？ Teacher, is the dormitory far from here?

(2) 老师，教室远吗？ Teacher, is the classroom far from here?

(3) 同学，食堂远吗？ Classmate, is the dining hall far from here?

2. 呢

语气助词。表疑问。可用在名词、代词后承接前面的话题提出问题。例如：

This is an interrogative auxiliary word of expression. It can be used after nouns and pronouns, to continue the topic of conversation, but in the form of a question. For example:

(1) A：我喝可乐，你呢？（你喝什么？）

I'll drink Cola, and you? (What will you drink?)

B：我喝茶。 I'll drink tea.

(2) 我吃面条，你呢？ I'll eat noodles, and you?

(3) 我们去商店，你们呢？ We are going to the store, and you?

3. 后边

复合方位词。同"边"构成的这类方位词有"上边、下边、里边、外边、东边、西边、前边、左边、右边"等。常与动词"在"构成"A在B……边"类句子。例如：

This is a compound noun of locality. Other nouns of locality that have 边 in them are 上边 (above, over), 下边 (below, under), 里边 (inside), 外边 (outside), 东边 (on the east side, east of), 西边 (on the west side, west of), 前边 (ahead of, in front of), 左边 (to the left of), 右边 (to the right of), etc. These nouns of locality are commonly used with the verb 在 to form sentences such as "A 在 B…边" (A is ...to B). For example:

(1) 餐厅就在留学生宿舍后边。 The dining room is just behind the foreign students' dormitory.

(2) 餐厅就在后边。(B指"这儿"，省略)

The dining room is in back. (Here "B" represents "here" and is omitted.)

(3) 他在我们前边。 He is in front of us.

练 习 Exercise

一、语音练习 Pronunciation exercises.

1. 读音节 Read the syllables aloud.

chábā	cānjiā	kǒuyǔ	xíguàn
fànliàng	fāngxiàng	tíngzhǐ	zhòngyào
hòudao	huǒguō	kuàilè	niúnǎi

2. 音节连读 Read the syllables aloud together.

zài hòubianr	zài qiánbianr	zài zuǒbianr
zài yòubianr	zài pángbianr	yìqǐ qù
hěn hǎochī	bù hǎochī	hěn hǎohē

二、替换练习 Word replacement exercises.

1 我们一起去吃饭。

留学生 喝茶
新学生 吃中餐
她们 上课

2 我们一起去图书馆。

他们 教室
老师们 办公室
留学生 宿舍

3 宿舍离餐厅远吗？

教室 宿舍
大学 城里
邮局 银行

三、完成对话 Complete the dialogue.

1. A：教室______宿舍__________吗？

   B：不远。

   A：教室__________？

   B：在那儿。

2. A：餐厅__________？

   B：在宿舍__________。

   A：我们一起去那儿吃饭吧。

   B：__________。

3. A：__________？

   B：我喝可乐。______？

   A：我喝茶。

   B：__________？

   A：很好喝。

四、说说教室里谁在你的周围

Talk about who is sitting around you in the classroom.

五、听句子画图 Listen to the sentences and draw a corresponding picture.

玛丽在莎莎的左边，老师在莎莎的后边。

教室在留学生宿舍的前边，餐厅在宿舍的后边。

六、把下面的短文改成对话 Change the following phrases into a dialogue.

A、B一起去吃饭，A吃中餐，喝茶；B吃西餐，喝可乐；A喜欢吃中餐，B不喜欢吃中餐。

七、信息差会话：了解或说明人或物体之间的位置

Conversation based on finding out the missing information: the expression of location.

1. 分别阅读材料：

   A在B左边；你是A。 B在C前边；你是B。 C在D右边；你是C。

   D在E旁边；你是D。 E在F前边；你是E。 F在G后边；你是F。

   G在H后边；你是G。 H在J左边；你是H。 I在J右边；你是I。

   J在I左边；你是J。 K在L后边；你是K。 L在M前边；你是L。

M在N前边；你是M。N在O右边；你是N。 O在A右边；你是O。

2 会话练习：

自由谈话、找到对方，演示位置。

八、看一看，认一认 Look and read.

米饭

包子

面条

馒头

饺子

茶

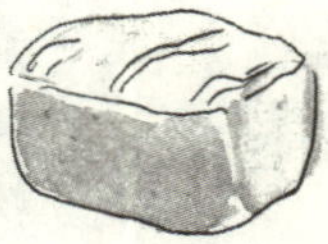
面包

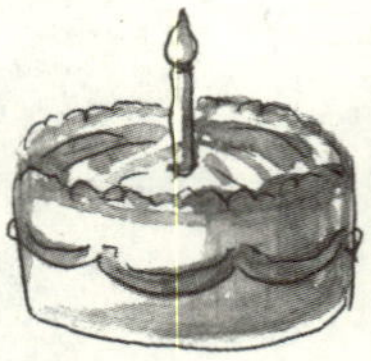
蛋糕

啤酒

可口可乐

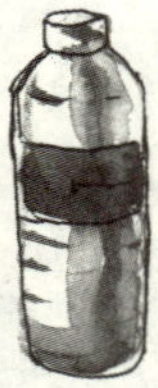
矿泉水

酸奶

牛奶

第六课

老师，您贵姓

Dì-liù kè　Lǎoshī, nín guìxìng

1

方方：您好，老师。

老师：你好。你叫什么名字？

方方：我叫方方。老师，您贵姓？

老师：我姓张，我叫张中，是你们的口语老师。

Fāng Fāng: Nín hǎo, lǎoshī.

Lǎoshī: Nǐ hǎo. Nǐ jiào shénme míngzi?

Fāng Fāng: Wǒ jiào Fāng Fāng. Lǎoshī, nín guìxìng?

Lǎoshī: Wǒ xìng Zhāng, wǒ jiào Zhāng Zhōng, shì nǐmen de kǒuyǔ lǎoshī.

2

罗兰：我叫罗兰。
方方：你是英国人吗？
罗兰：不，我不是英国人，我是德国人，我妈妈是英国人。你呢？
方方：我是越南人。
罗兰：啊，越南离中国很近,对吧？
方方：对。

Luólán: Wǒ jiào Luólán.

Fāng Fāng: Nǐ shì Yīngguó rén ma?

Luólán: Bù, wǒ bú shì Yīngguó rén, wǒ shì Déguó rén, wǒ māma shì Yīngguó rén. Nǐ ne?

Fāng Fāng: Wǒ shì Yuènán rén.

Luólán: À, Yuènán lí Zhōngguó hěn jìn, duì ba?

Fāng Fāng: Duì.

生　词 New Vocabulary

1. 名字	（名）	míngzi	name, given name
2. 姓	（动）	xìng	surname; family name
3. 贵姓	（名）	guìxìng	(May I ask) your family name?
4. 你们	（代）	nǐmen	you (plural)
5. 的	（助）	de	*a noun-forming particle*
6. 口语	（名）	kǒuyǔ	spoken language
7. 妈妈	（名）	māma	mother

8. 近	(形)	jìn	close, near

专　名 Proper Nouns

1. 方方	Fāng Fāng	
2. 张	Zhāng	(a surname)
3. 张中	Zhāng Zhōng	
4. 罗兰	Luólán	
5. 英国	Yīngguó	Great Britain
6. 德国	Déguó	Germany
7. 越南	Yuènán	Vietnam
8. 中国	Zhōngguó	China

注　释 Explanatory Notes

1. 您贵姓?

中国人的名字由"姓+名"组成。初次见面时，常问对方的姓。例如：

Chinese name is composed of a surname (姓) and a given name (名). When you meet someone for the first time, it is common to ask that person's surname. For example:

(1) A：您贵姓？（客气）	May I ask your family name? (very polite)
B：免贵姓张。（客气）	My family name is Zhang. (very polite)
(B：我姓张。)	My family name is Zhang.
(2) A：你姓什么？	What is your family name?
B：我姓张。	My family name is Zhang.

问第三者的姓一般直接问"他姓什么"。例如：

When asking about a third person's name, it is common to directly ask "What is his family name?". For example:

A：她姓什么？	What is her family name?
B：她姓王。	Her family name is Wang.

2．叫什么名字？

用于询问全名，回答是"……叫＋姓名"。中国人的姓在名前。例如：

When you ask someone's full name, the answer is always "surname + given name". Chinese surnames come ahead of their given names. For example:

(1) A：你叫什么名字？ What is your name?
B：我叫谢明。 ——I'm called (my name is) Xie Ming.

(2) A：他叫什么名字？ What is his name?
B：他叫张中。 ——He's called (his name is) Zhang Zhong.

(3) A：她叫什么名字？ What is her name?
B：她叫李方。 ——She's called (her name is) Li Fang.

3．姓＋职务／某些职业

对上级、老师等一般不直接叫名字，而用"姓＋职务／某些职业名称"的方式。例如：

Ordinarily one does not address one's superiors, and teachers directly by their first name. Instead one calls them by their surname plus their occupation title. For example:

您好，李老师。（姓＋职业名称） Hello, Teacher Li.

您好，张院长。（姓＋职务） Hello, Director Zhang.

你好，张大夫。 Hello, Doctor Zhang.

练　习 Exercise

一、语音练习 Pronunciation Exercises.

1. 读音节 Read the syllables aloud.

kǎoshì	hǎoshì	kāishǐ	háishì	guójiā
guānxi	xīwàng	jìhuà	lǎoshī	míngzi
zhōuwéi	shāowēi	guānggù	kānhù	

2. 扩展成句 Expand to form sentences.

lǎoshī	jìn
kǒuyǔ lǎoshī	hěn jìn
nǐmen de kǒuyǔ lǎoshī	lí Zhōngguó hěn jìn
wǒ shì nǐmen de kǒuyǔ lǎoshī	Yuènán lí Zhōngguó hěn jìn

二、认读句子，注意停顿

Read the following sentences, making sure to pause at the appropriate places.

我姓张，/我叫张中，/我是你们的口语老师。

我不是英国人，/我是德国人，我妈妈是英国人。

三、替换练习 Word replacement exercises.

1. 你叫什么名字？

   他

   你同屋

   口语老师

2. 我不是英国人，是德国人。

他	张老师	王老师
她	中国人	日本人
他	学生	老师

四、完成对话 Complete the dialogue.

1. A：老先生，__________？

   B：免贵姓李，__________？

   A：我姓______，叫______。

2. A：__________

   B：我是几内亚人。

   A：______中国______？

   B：很远。

五、听后复述 Listen and repeat.

你们好！我姓刘，叫刘西，我是中国人。这位是我的好朋友丽莎，她是英国人，是第一大学的学生。

六、请介绍一下张老师、罗兰、方方的情况

Introduce Teacher Zhang, Luolan, and Fang Fang.

七、信息差会话：了解或掌握常用的礼貌用语

Conversation based on finding out the missing information: mastering commonly-used polite expressions.

1 共同阅读材料

A，80岁，女； B，15岁，女； C，50岁，男； D，30岁，男；
E，20岁，女； F，25岁，女； G，30岁，男； H，80岁，男；
I，30岁，男； J，29岁，女； K，25岁，女； L，18岁，男；
M，17岁，女； N，20岁，男； O，40岁，男。

2 分别阅读材料

你是A，称呼B。 你是B，称呼C。 你是C，称呼D。
你是D，称呼E。 你是E，称呼F。 你是F，称呼G。
你是G，称呼H。 你是H，称呼I。 你是I，称呼J。
你是J，称呼K。 你是K，称呼L。 你是L，称呼M。
你是M，称呼N。 你是N，称呼O。

3 会话练习

按照材料找到对方，正确称呼对方。根据自己的角色任意组对按照材料称呼对方。

第七课 你们班有几个人

Dì-qī kè Nǐmen bān yǒu jǐ gè rén

I

大　卫：这是谁的照片？ Dàwèi: Zhè shì shéi de zhàopiàn?

贝　利：我们家的。 Bèilì: Wǒmen jiā de.

戈马拉：你家有八口人吗？ Gēmǎlā: Nǐ jiā yǒu bā kǒu rén ma?

贝　利：不，我家有五口人。这是我爸爸、妈妈、哥哥、妹妹，这是我。 Bèilì: Bù, wǒ jiā yǒu wǔ kǒu rén. Zhè shì wǒ bàba、māma、gēge、mèimei, zhè shì wǒ.

大　卫：这三个人是谁？ Dàwèi: Zhè sān gè rén shì shéi?

贝　利：是我朋友。 Bèilì: Shì wǒ péngyou.

2

杰克：你们班有几个人？
玛丽：九个人。你们班呢？
杰克：我们班有十个人。
玛丽：几个美国人？
杰克：两个。你们班有波兰人吗？
玛丽：没有。

Jiékè: Nǐmen bān yǒu jǐ gè rén?
Mǎlì: Jiǔ gè rén. Nǐmen bān ne?
Jiékè: Wǒmen bān yǒu shí gè rén.
Mǎlì: Jǐ gè Měiguó rén?
Jiékè: Liǎng gè. Nǐmen bān yǒu Bōlán rén ma ?
Mǎlì: Méiyǒu.

生　词 New Vocabulary

1. 这	（代）	zhè	this
2. 谁	（代）	shéi; shuí	who
3. 照片	（名）	zhàopiàn	photograph
4. 家	（名）	jiā	home, house, family
5. 有	（动）	yǒu	has, have
6. 八	（数）	bā	eight
7. 五	（数）	wǔ	five
8. 三	（数）	sān	three
9. 九	（数）	jiǔ	nine
10. 十	（数）	shí	ten
11. 两	（数）	liǎng	two (with measure word)
12. 几	（数）	jǐ	a few, how many
13. 口	（量）	kǒu	*a measure word for members in a family*
14. 个	（量）	gè	*a measure word for people/things*
15. 爸爸	（名）	bàba	father
16. 哥哥	（名）	gēge	older brother
17. 妹妹	（名）	mèimei	younger sister
18. 朋友	（名）	péngyou	friend
19. 班	（名）	bān	class

20. 没有	（动）	méiyǒu	not have; there is not; be without

专 名 Proper Nouns

1. 大卫	Dàwèi	
2. 贝利	Bèilì	
3. 戈马拉	Gēmǎlā	
4. 杰克	Jiékè	
5. 波兰	Bōlán	Poland

注 释 Explanatory Notes

1. 口

名量词，用于家庭人口总数。例如：

The measure word is used as a totality for members of a family. For example:

(1) 我家有八口人。（总体计数）

There are eight people in my family.

(2) 我家只有一口人。（总体计数）

There is only one person in my family.

但不能说：But one cannot say:

(3) 我家有八口人，一口是爸爸，一口是妈妈。(×)

There are eight people in my family, my father is one of them, my mother is one of them.

例句(3)是错误的，因为不是总体计数。

This is incorrect because the measure word "口" can only be used for the total number of people in a family.

2. 我们家／我们班

"家、班、学校"等名词前的人称代词常用"我们、你们、他们"，虽然说话人只有一个。例如：

Pronouns "our, your, their" are often used with the nouns "family, class, school", even if the person speaking is singular. For example:

(1) A：这是谁的照片？ Whose photograph is this?
B：我们家的。 That's our family's photograph.

(2) A：你们班有几个人？ How many people are there in your class?
B：我们班有九个人。 There are nine people in our class.

(3) 我们学校有很多留学生。 There are many foreign students at our school.

练　习 Exercise

一、语音练习 Pronunciation Exercises.

1. 读音节 Read the syllables aloud.

zhàopiàn	jiāojuǎn	péngdǎng	píngjūn
jiātíng	wújià	hēshuǐ	fēixiáng
méihuā	měihuà	yǒudiǎnr	yìdiǎnr

2. 扩展成句 Expand to form sentences.

zhàopiàn
wǒ de zhàopiàn
zhè shì wǒ de zhàopiàn

péngyou
wǒ péngyou
tāmen shì wǒ péngyou

二、认读句子，注意停顿

Read the following sentences aloud, making sure to pause at the appropriate places.

1 这是我爸爸、妈妈、/哥哥、妹妹，/这是我。

2 他们家有六口人，/我们家有九口人。

三、替换练习 Word replacement exercises.

1 这是谁的照片？

这	宿舍
那	教室
那个人	学生
他	同屋

2 这三个人是谁？

他们

那两个人

他后边的那个人

张老师旁边的那个人

四、完成对话 Complete the dialogue.

1 A：______________？

B：有六口人。

A：______________？

B：______________。

2 A：______________？

B：有九个人。你们班呢？

A：______________。

五、下面括号中哪些要加“的”，哪些不加“的”，哪些可加可不加

Which of the following parentheses should be filled with “的” to complete the phrase, which of the phrases should not be completed with “的”, and in which of the phrases is using “的” optional?

我（　）书	我（　）朋友	杰克（　）班
我们（　）照片	他（　）哥哥	玛丽（　）老师
我（　）家	你们（　）学校	哥哥（　）女朋友

六、根据课文内容介绍一下贝利家的情况

With reference to the text, introduce Beili's family.

七、说说你们班的人数及同学的情况

Talk about the number and the situation of your classmates.

八、看图说话 Talk about pictures.

1 罗兰的一家

2 我们班的同学

九、信息差会话：向别人介绍自己的朋友或为双方做介绍

Conversation based on finding out the missing information: introducing others.

1 共同阅读材料

A是B的朋友；X是Y的朋友；

W是X的朋友；C是D的朋友；

P是E的朋友；F是S的朋友；

G是H的朋友；J是大家的朋友。

2 分别阅读材料

你是A，向W介绍自己的朋友。

你是G，向C介绍自己的朋友。

你是H，向X介绍自己的朋友。

你是P，向S介绍自己的朋友。

你是J，向A介绍自己的朋友。

你是E，向D介绍自己的朋友。

你是S，向H介绍自己的朋友。

你是F，向G介绍自己的朋友。

你是W，向J介绍自己的朋友。

你是D，向F介绍自己的朋友。

你是Y，向P介绍自己的朋友。

你是B，向C介绍自己的朋友。

3 会话练习

按照阅读材料的要求介绍自己的朋友，找出大家共同的朋友。

第八课

苹果多少钱一斤

Dì-bā kè　Píngguǒ duōshao qián yì jīn

I

（在市场）

莎莎：苹果多少钱一斤？

摊主：这种三块五，那种两块二。要哪种？

莎莎：两块二的。要一斤。

摊主：一斤三两。

莎莎：好，多少钱？

摊主：两块八毛六，给两块八吧。三块，找你两毛。

莎莎：谢谢。

(Zài shìchǎng)

Shāshā: Píngguǒ duōshao qián yì jīn?

Tānzhǔ: Zhè zhǒng sān kuài wǔ, nà zhǒng liǎng kuài èr. Yào nǎ zhǒng?

Shāshā: Liǎng kuài èr de. Yào yì jīn.

Tānzhǔ: Yì jīn sān liǎng.

Shāshā: Hǎo, duōshao qián?

Tānzhǔ: Liǎng kuài bā máo liù, gěi liǎng kuài bā ba. Sān kuài, zhǎo nǐ liǎng máo.

Shāshā: Xièxie.

2

(小卖部)

售货员：你们买点儿什么？

贝　利：一瓶酸奶，一瓶可乐。多少钱？

售货员：酸奶一块五，可乐三块，一共四块五。

贝　利：好的。

大　卫：我要一个面包，一瓶矿泉水。

售货员：要冰镇的吗？

大　卫：对。

售货员：一共四块。

大　卫：谢谢。

贝　利：再见。

售货员：再见，下次再来。

(Xiǎomàibù)

Shòuhuòyuán: Nǐmen mǎi diǎnr shénme?

Bèilì: Yì píng suānnǎi, yì píng Kělè. Duōshao qián?

Shòuhuòyuán: Suānnǎi yí kuài wǔ, kělè sān kuài, yígòng sì kuài wǔ.

Bèilì: Hǎo de.

Dàwèi: Wǒ yào yí gè miànbāo, yì píng kuàngquánshuǐ.

Shòuhuòyuán: Yào bīngzhèn de ma?

Dàwèi: Duì.

Shòuhuòyuán: Yígòng sì kuài.

Dàwèi: Xièxie.

Bèilì: Zàijiàn.

Shòuhuòyuán: Zàijiàn, xià cì zài lái.

生　词 New Vocabulary

1. 苹果	(名)	píngguǒ	apple
2. 多少	(代)	duōshao	how much, how many
3. 钱	(名)	qián	money

4. 斤	（量）	jīn	*unit of weight, equal to about 1/2 kg*
5. 两	（量）	liǎng	*unit of weight, equal to about 50g*
6. 块	（量）	kuài	Chinese “dollar”
7. 毛	（量）	máo	Chinese “dime”, equal to 1/10 *kuai*
8. 种	（量）	zhǒng	*a measure word meaning “kind, sort, type”*
9. 那	（代）	nà	that
10. 二	（数）	èr	two
11. 六	（数）	liù	six
12. 一	（数）	yī	one
13. 四	（数）	sì	four
14. 要	（动）	yào	want, wish (to), ask (for), need
15. 给	（动）	gěi	give
16. 找	（动）	zhǎo	look for, give change
17. 买	（动）	mǎi	buy, purchase
18. 点儿	（量）	diǎnr	*a measure word for small amounts;* a little
19. 瓶	（量）	píng	*a measure word for bottles, flasks*
20. 酸奶	（名）	suānnǎi	yogurt
21. 一共	（副）	yígòng	altogether, in total
22. 面包	（名）	miànbāo	bread
23. 矿泉水	（名）	kuàngquánshuǐ	mineral water
24. 冰镇	（动）	bīngzhèn	iced (drinks, etc.)
25. 下	（名）	xià	below, underneath, next
26. 次	（量）	cì	*a measure word for times, occurrences*
27. 再	（副）	zài	again, once more
28. 来	（动）	lái	come

情境词 Situational Words

1. 市场	（名）	shìchǎng	market, bazaar
2. 摊主	（名）	tānzhǔ	market stall owner, street vender
3. 小卖部	（名）	xiǎomàibù	small shop
4. 售货员	（名）	shòuhuòyuán	shop assistant, sales clerk

注　释 Explanatory Notes

1. 多少钱?

询问价格、钱数的说法。例如:

It is used when asking the price of goods, or asking about an amount of money. For example:

(1)（这个）多少钱？　　How much (does this cost)?

(2)（这个）多少钱一斤？　　How much (does this cost) for 1/2 kg?

(3)（这个）一斤多少钱？　　How much (does this cost) for 1/2 kg?

(4) 你的包里有多少钱？（钱数）How much money is in your wallet?

2. 人民币的表示法 The standard units of RMB.

人民币的单位是"元（块）、角（毛）、分"。1元（块）=10角（毛），1角（毛）=10分。"块、毛"是口语说法。例如:

The units of RMB are "元（块）, 角（毛）, 分". 1元（块）=10角（毛）, 1角（毛）=10分. "块", "毛" are used in spoken language. For example:

三块两毛五　　3.25 *yuan*

一百零二块八毛　　102.8 *yuan*

一块一毛五分　　1.15 *yuan*

3. 好的

表示同意、赞许。"的"，语气助词，表示肯定语气。例如:

It expresses agreement. The auxiliary word "的" indicates affirmation and approval.

(1) A: 酸奶一块五，可乐三块，一共四块五。

Yogurt 1.5 (RMB), Cola 3 (RMB), altogether 4.5 (RMB).

B: 好的。　　All right.

(2) A: 咱们明天见。　　See your tomorrow.

B: 好的。　　All right.

(3) 好的，这样念很好。（赞许）

All right, reading it this way is good.

练　习 Exercise

一、语音练习 Pronunciation Exercises.

1. 读音节 Read the syllables aloud.

pángbiān	pǐnzhì	bīngxuě	zhòngbìng
tántiān	tànwàng	kuàngcáng	kuìfá
suànle	suānsè	quánshuǐ	qiūshōu

2. 音节连读 Read the syllables aloud together.

duōshao qián	duōshao rén	duōshao gè
xià cì zài lái	xià cì zài jiàn	xià cì zài shuō
bīng de	dà de	piányi de

二、认读句子 Read the following sentences.

1. 苹果多少钱一斤?
   酸奶多少钱一瓶?
   面包多少钱一个?
2. 这种三块五一个，那种两块二一个。
   这种一块二一斤，那种一块八一斤。
   这种三块一瓶，那种两块五一瓶。
3. 你要哪种?
   我要这种。
   我要冰镇的。
4. 一共多少钱?
   一共两块八，找你两毛。

三、完成对话 Complete the conversation.

1. A：苹果__________?
   B：两块八，________三块四，________?
   A：____________，来两斤。
2. A：______________?
   B：我买一瓶酸奶。
   A：给你。
   B：______________?
   A：对不起，没有冰镇的。

四、读出下列钱数 Read aloud the following amounts of money.

0.45	3.20	50.00	100.50	205.30
7.49	20.80	35.00	24.50	104.50

五、根据下面故事对话 Make a conversation with reference to the following story.

我去小卖部买可乐。我问卖东西的人可乐多少钱一瓶，他说两块二一瓶。我问他有没有冰镇的，他说有。我给他三块，他找我八毛。

六、买东西 Practice buying goods.

¥6.00

¥58.60

¥2.50

¥5.40

¥1.20

七、信息差会话：接受或婉拒别人的邀请

Conversation based on finding out the missing information: accepting or refusing an invitation politely.

1 共同阅读材料

A是B的同学；C是D的同学；D是E的同学；E是B的同学；F不是C的同学；G是F的同学；H是I的同学；T是X的同学；U是W的同学；Y是H的同学；V是F的同学。

2 分别阅读材料

你是A。 你是B。 你是C。 你是D。 你是E。 你是F。
你是G。 你是H。 你是I。 你是T。 你是U。 你是V。
你是W。 你是X。 你是Y。

3 会话练习

邀请同学参加同学聚会，如果被邀请的人是同学就接受，不是同学可以客气地拒绝。

八、看一看，认一认 Look and say the Chinese names.

第九课

今天星期几

Dì-jiǔ kè　Jīntiān xīngqī jǐ

I

山本：杰克，现在几点？
杰克：九点五十。有事儿吗？
山本：我妈妈十点给我打电话。
……
山本：已经十点十分了……啊，今天星期几？是星期五吗？
杰克：不，今天星期四，明天星期五。
山本：啊？我妈妈星期五给我打电话。

Shānběn: Jiékè, xiànzài jǐ diǎn?
Jiékè: Jiǔ diǎn wǔshí. Yǒu shìr ma?
Shānběn: Wǒ māma shí diǎn gěi wǒ dǎ diànhuà.
……
Shānběn: Yǐjīng shí diǎn shí fēn le……á, jīntiān xīngqī jǐ? Shì xīngqī wǔ ma?
Jiékè: Bù, jīntiān xīngqī sì, míngtiān xīngqī wǔ.
Shānběn: Á? Wǒ māma xīngqī wǔ gěi wǒ dǎ diànhuà.

2

（在路上，方方看见大卫）

方方：啊，这么大的蛋糕！

今天是你的生日吗？

大卫：不，是我女朋友的生日。

方方：那你的生日是几月几号？

大卫：十一月二十五号，你呢？

方方：三月一号。

(Zài lùshang, Fāng Fāng kànjiàn Dàwèi)

Fāng Fāng: À, zhème dà de dàngāo!

Jīntiān shì nǐ de shēngrì ma?

Dàwèi: Bù, shì wǒ nǚpéngyou de shēngrì.

Fāng Fāng: Nà nǐ de shēngrì shì jǐ yuè jǐ hào?

Dàwèi: Shíyī yuè èrshíwǔ hào, nǐ ne?

Fāng Fāng: Sān yuè yī hào.

生 词 New Vocabulary

1. **现在**	（名）	xiànzài	now, at present
2. **月**	（名）	yuè	month
3. **号**	（名）	hào	date (of the month)
4. **点**	（名）	diǎn	*a measure word for time (hour of the day)*
5. **分**	（名）	fēn	*a measure word for time (minute)*
6. **今天**	（名）	jīntiān	today
7. **明天**	（名）	míngtiān	tomorrow
8. **星期**	（名）	xīngqī	week
9. **事**	（名）	shì	matter, event, affair, thing
10. **给**	（介）	gěi	for, for the benefit of
11. **打**	（动）	dǎ	*a generalized verb of doing with specific meaning determined by its object.* In this lesson it means “dial”.
12. **电话**	（名）	diànhuà	telephone
13. **已经**	（副）	yǐjīng	already
14. **看见**	（动）	kànjiàn	see
15. **这么**	（代）	zhème	such
16. **大**	（形）	dà	big

17. 蛋糕	(名)	dàngāo	cake
18. 生日	(名)	shēngrì	birthday
19. 女	(形)	nǚ	girl, female
20. 女朋友	(名)	nǚpéngyou	girlfriend
21. 那	(连)	nà	then, in that case

专　名 Proper Nouns

山本	Shānběn

注　释 Explanatory Notes

1. 钟点表示法 Ways of telling the time.

时间单位：点（钟）、分（分钟）、秒（秒钟）；半、刻。

Time units: o'clock, minute, second; half, quarter.

半：30 分钟。half-hour: 30 minutes

一刻：15 分钟。例如：a quarter: 15 minutes. For example:

十点十五分 = 十点一刻(10:15) ten fifteen = a quarter past ten

十点四十五分 = 十点三刻(10:45) ten forty-five = a quater to eleven

注意：十点三十分 = 十点半，不能说"十点二刻"。

Note: 10:30 can be expressed as "十点三十分" or "十点半", but not as "十点二刻".

2. 询问时间的方式 Ways of asking the time.

例如：For example:

(1) 现在几点？　What time is it now?

(2) 现在几点钟？　What time is it now?

(3) 现在几点了？　What time is it now?

(4) 现在几点钟了？　What time is it now?

3. 周日表示法 Ways of expressing the days of the week.

汉语里一周从星期一起到星期日（天）止，星期六、星期日（天）为周末。例如：

In Chinese, the days of the week are counted from one to six, with Monday being "day one", Tuesday being "day two", etc. Sunday has a different name "星期天" or "星期日". Saturday and Sunday are considered as the weekends. For example:

(1) 今天星期一。 Today is Monday.

(2) 今天星期二。 Today is Tuesday.

(3) 今天星期三。 Today is Wednesday

(4) 今天星期四。 Today is Thursday.

(5) 今天星期五。 Today is Friday.

(6) 明天星期六。 Tomorrow is Saturday.

(7) 后天星期天。 The day after tomorrow is Sunday.

4. 日期表示法 Ways of expressing the date.

基本表示法：年/月/号（日）。例如：

The basic way of expressing the date is year/month/day. For example:

(1) 今天是2007年3月28号（日）。

Today is March 28, 2007.

时间表示法：年/月/号（日）/星期/点/分。例如：

The way of expressing the date plus the day of the week and the time. For example:

(2) 现在是2008年10月1号（日）星期三上午10点20分。

Right now it is Wednesday, October 1, 2008, 10:20am.

(3) 现在是2002年5月27日星期一下午19点06分。

Right now it is Monday May 27,2002, 7:06pm.

5. 多少/几

"多少"询问大小数目均可；"几"一般询问十以内的小数目（询问日期除外）。例如：

"多少" is used when asking about amounts (of money, objects, etc.). "几" is used when asking the day of the week, as well as when asking about amounts (of money, objects, etc.) less than ten. For example:

(1) A：你们班有几个人？ How many people are there in your class?

B：五个人。 Five people.

(2) A：你们班有多少人？ How many people are there in your class?

B：我们班有五个人。 Our class has five people.

(B：我们班有十六个人。) Our class has sixteen people.

(3) A：今天几号？（多少号） What is the date today?

B：二十五号。 The twenty-fifth.

“几”可用在“十、百、千、万”的前面。例如：

“几”can be used in front of ten, hundred, thousand, or ten thousand. For example:

A：你们学校有几百名留学生？

How many hundreds of foreign students does your school have?

B：五百二十五名。

Five hundred twenty-five.

练 习 Exercise

一、语音练习 Pronunciation Exercises.

1. 读音节 Read the syllables aloud.

xīngqī	xìngqù	sìshí	shísì
diànhuà	biànhuà	lǚyóu	nǚjuàn
dàngāo	dǎsǎo	gāo'ǎi	guòzǎo

2. 音节连读 Read the syllables aloud together.

mǎi dàngāo	mǎi máoyī	mǎi zìxíngchē
shēngrì gē	shēngrì làzhú	shēngrì wǎnhuì
dǎ páiqiú	dǎ lánqiú	dǎchē

3. 扩展句子 Expand to form sentences.

dǎ diànhuà	qù shàngkè
gěi wǒ dǎ diànhuà	zǎoshang bādiǎn qù shàngkè
míngtiān gěi wǒ dǎ diànhuà	wǒmen zǎoshang bādiǎn qù shàngkè

二、认读句子 Read the following sentences.

1. 今天几月几号？星期几？
2. 你妹妹的生日是几月几号？
3. 你几点起床？几点去上课？几点回宿舍？
4. 这么多的人！

5 这么好的人！

6 这么好吃的苹果！

三、完成对话 Complete the dialogue.

1 A：______________？

B：今天三月六号。

A：______________？

B：上午有课，下午没有。

2 A：______________？

B：一个星期有七天。

A：______________？

B：这个月三十一天。

四、看图说出时间 Look at the watches and tell what time it is.

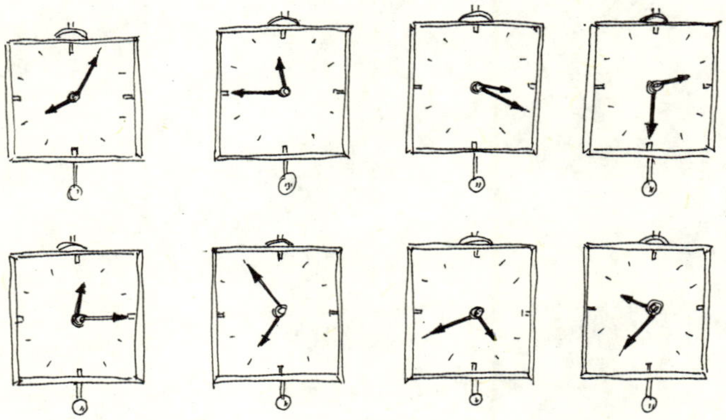

五、听后复述 Listen and repeat.

我这个星期很忙。星期一下午去办公室，星期二和一个朋友一起去吃晚饭，星期三下午和同学喝茶，星期五下午给父亲打电话。

六、说说你们国家的国庆日是几月几号

Talk about the dates of your country's National Day.

七、信息差会话：与别人约会

Conversation based on finding out the missing information: making appointments.

1 共同阅读材料

A在星期天没有空；B在星期六有空；C在星期天上午有空；D在星期六下

午有空；E在星期六、星期天都没有空；F在星期一晚上有空；G在星期二有空；H在星期二没有空；I在星期一有空；J在星期二早上有空；K在星期天下午有空；L在星期天有空；M每天都有空；N每天都没有空；O在星期一没有空。

2 分别阅读材料

你是A，与D约会。 你是B，与E约会。 你是C，与F约会。
你是G，与L约会。 你是H，与M约会。 你是I，与N约会。
你是J，与O约会。 你是K，与老师约会。

3 会话练习

找到指定的约会者，按照规定的情况约会。

第十课

我要寄两封信

Dì-shí kè　Wǒ yào jì liǎng fēng xìn

1

罗　兰：你好，我要寄两封信。

营业员：这封六块四，这封九块，一共十五块四。

罗　兰：这是二十。

营业员：找您四块六。

罗　兰：谢谢，再见。

Luólán: Nǐ hǎo, wǒ yào jì liǎng fēng xìn.

Yíngyèyuán: Zhè fēng liù kuài sì, zhè fēng jiǔ kuài, yígòng shíwǔ kuài sì.

Luólán: Zhè shì èrshí.

Yíngyèyuán: Zhǎo nín sì kuài liù.

Luólán: Xièxie, zàijiàn.

2

罗　兰：这些邮票真漂亮！我要买一些。

营业员：你要买多少张？

罗　兰：五张八块的，两张三块五的，三张两块的，还要十张八毛的。

杰　克：你为什么买这么多邮票？

罗　兰：我一个星期要写十封信。

杰　克：十封信？

罗　兰：对，给男朋友写七封，给家里和朋友写三封。

杰　克：我不喜欢写信，我喜欢发 E-mail。

Luólán: Zhèxiē yóupiào zhēn piàoliang! Wǒ yào mǎi yìxiē.

Yíngyèyuán: Nǐ yào mǎi duōshao zhāng?

Luólán: Wǔ zhāng bā kuài de, liǎng zhāng sān kuài wǔ de, sān zhāng liǎng kuài de, hái yào shí zhāng bā máo de.

Jiékè: Nǐ wèi shénme mǎi zhème duō yóupiào?

Luólán: Wǒ yí gè xīngqī yào xiě shí fēng xìn.

Jiékè: Shí fēng xìn?

Luólán: Duì, gěi nánpéngyou xiě qī fēng, gěi jiāli hé péngyou xiě sān fēng.

Jiékè: Wǒ bù xǐhuan xiěxìn, wǒ xǐhuan fā E-mail.

生　词 New Vocabulary

1. 寄	（动）	jì	send, post, mail
2. 封	（量）	fēng	*a measure word for letters*
3. 信	（名）	xìn	letter, mail
4. 些	（量）	xiē	a few
5. 这些	（代）	zhèxiē	these
6. 邮票	（名）	yóupiào	stamp
7. 真	（副）	zhēn	really, truly, indeed
8. 漂亮	（形）	piàoliang	pretty, beautiful
9. 张	（量）	zhāng	*a measure word for flat objects (stamps, paper, etc.)*
10. 还	（副）	hái	still, yet
11. 为什么		wèi shénme	why, how come
12. 写	（动）	xiě	write
13. 男	（形）	nán	boy, male
14. 男朋友	（名）	nánpéngyou	boyfriend

15. 七	(数)	qī	seven
16. 喜欢	(动)	xǐhuan	like, love, be fond of
17. 发	(动)	fā	send out, deliver, distribute
18. E-mail			E-mail

情境词 Situational Words

营业员	(名)	yíngyèyuán	salesperson

注 释 Explanatory Notes

要

助动词。表主观愿望时，其否定式为“不想”。例如：

An auxiliary verb expressing subjective willingness to do something. The negative form of “要” is “不想”. For example:

(1) 我要寄两封信。 I want (would like) to send two letters.

(2) A: 你要去邮局吗? Do you want (Would you like) to go to the post office?

B: 我不(想)去。 I don’t want to go.

动词。表示想要得到什么东西，后接名词。例如：

A verb expressing the desire to get something, is always followed by a noun.For example:

(3) 我要苹果，还要香蕉。 I want an apple, also a banana.

(4) 我要这本书。 I want this book.

练 习 Exercise

一、语音练习 Pronunciation Exercises.

1. 读音节 Read the syllables aloud.

yóujì　　yǒuyì　　piǎobái　　biēqì

chāojí　cǎoshuài　xǐhuan　xíguàn
guāfēng　gùgōng　yāoqiú　yàolǐng

2. 音节连读 Read the syllables aloud together.

bù huāqián　bú piàoliang　bù xiǎoxīn
yì fēng xìn　yí gè xìnfēng　yì zhāng yóupiào
yào huíqù　yào dǎ diànhuà　yào liǎng jīn

二、读下列句子 Read the following sentences.

1. 他为什么买那么多可乐？
   你为什么买这么多邮票？
   她为什么不喜欢吃苹果？
   你为什么没给你妈妈打电话？
2. 我要两张三块的。
   我要两斤六块八的。
   我要三瓶四块二的。
   我要五张一块六的。
3. 我一个星期写十封信。
   她一个下午吃两斤苹果。
   我上午上四节课。
4. 这种茶真好喝！
   宿舍离餐厅真近！

三、根据课文内容回答问题

Answer the following questions, with reference to the text.

1. 罗兰在哪儿？
2. 她寄两封信一共多少钱？
3. 罗兰要买什么？买多少张？一共多少钱？
4. 她喜欢写信吗？杰克呢？

四、听后换成第三人称复述 Listen and then retell it using the third person.

我去邮局寄两封信。第一封信给我的爸爸妈妈，他们在俄罗斯。第二封信给我的一位同学，他现在在北京学汉语。寄第一封信要六块四，寄第二封信要八毛，一共七块二。我还想再买几张漂亮的邮票。

五、看图练习说话，并用上“真……！”“太……了！”（比如吃饭时，可说“真好吃”；看地方，说“太远了”等等）

Look at the pictures and practice using the words **“真…”**, **“太…了!”** (For example, when eating, you can say **“真好吃”**, when looking at a place far away, you can say **“太远了”**, etc.)

六、信息差会话：了解或说明简单的亲属关系及称谓表达

Conversation based on finding out the missing information: addressing family members and the relatives.

1. 分别阅读材料

你是A，是B的爸爸。

你是D，是C的妈妈。

你是E，是C的丈夫。

你是G，是E的儿子。

你是C，是B的女儿。

你是B，是C的爸爸。

你是F，是B的妈妈。

你是F，是E的奶奶。

你是H，是G的爷爷。

2. 会话练习

先自我介绍，再互相称呼。

第十一课

我想上网

Dì-shíyī kè　Wǒ xiǎng shàngwǎng

山本：杰克，哪儿可以发 E-mail？

杰克：图书馆可以，学校旁边的网吧也可以。

山本：在网吧上网贵吗？

杰克：有便宜的也有贵的。一般一个小时两块钱左右。

（在网吧）

山本：你好，我想上网。

网吧服务员：好的，一个小时两块，你去九号吧。

（两个小时后去结账）
山本：九号。
网吧服务员：四块钱。
山本：好。

Shānběn: Jiékè, nǎr kěyǐ fā E-mail?
Jiékè: Túshūguǎn kěyǐ, xuéxiào pángbiān de wǎngbā yě kěyǐ.
Shānběn: Zài wǎngbā shàngwǎng guì ma?
Jiékè: Yǒu piányi de yě yǒu guì de. Yìbān yí gè xiǎoshí liǎng kuài qián zuǒyòu.
(Zài wǎngbā)
Shānběn: Nǐ hǎo, wǒ xiǎng shàngwǎng.
Wǎngbā fúwùyuán: Hǎo de, yí gè xiǎoshí liǎng kuài, nǐ qù jiǔ hào ba.
(Liǎng gè xiǎoshí hòu qù jiézhàng)
Shānběn: Jiǔ hào.
Wǎngbā fúwùyuán: Sì kuài qián.
Shānběn: Hǎo.

生 词 New Vocabulary

1. 可以	（助动）	kěyǐ	can, may
2. 图书馆	（名）	túshūguǎn	library
3. 学校	（名）	xuéxiào	school
4. 旁边	（名）	pángbiān	next to, side
5. 网吧	（名）	wǎngbā	internet cafe, internet bar
6. 也	（副）	yě	also, too, as well
7. 上网	（动）	shàngwǎng	surf the internet
8. 贵	（形）	guì	expensive
9. 便宜	（形）	piányi	inexpensive, cheap
10. 一般	（副）	yìbān	generally, ordinarily, commonly
11. 小时	（名）	xiǎoshí	hour
12. 左右	（名）	zuǒyòu	about, around

13. 想	(助动)	xiǎng	want to, would like to
14. 后	(名)	hòu	later, after, behind

情境词 Situational Words

服务员	(名)	fúwùyuán	attendant, clerk
结账	(动)	jiézhàng	settle accounts

注 释 Explanatory Notes

1.可以

助动词。这里表示客观条件允许。否定式用“不能”。例如：

An auxiliary verb in this case expresses that certain objective conditions permit. Its negative form is “不能”. For example:

(1) A：哪儿可以发E-mail？ Where can (I) send E-mail?

B：图书馆可以。 (You) can send (E-mail) at the library.

(2) A：教室里可以发E-mail吗？

Can (I) send E-mail from the classroom?

B：不能。(教室里不能发E-mail。)

No, (you) cannot. (You cannot send E-mail from the classroom.)

(3) A：我可以借书吗？ Can I borrow a book?

B：可以。 Yes, you can.

2.左右

方位词。用在数量词后面表示比某一数量稍多或稍少。例如：

A noun of locality is often used after a number to indicate that the number is approximate.

(1) 上网一般一个小时两块钱左右。

Surfing the internet usually costs about two *yuan* per hour.

(2) 他身高一米七左右。 He is about 1.7 meters tall.

(3) 这本书有五百页左右。 This book has about 500 pages.

3. 一般

副词。表示通常。可用在句子的开头或动词、名词前边。例如：

An adverb indicating "usually" or "generally". It is placed either at the beginning of a sentence or in front of a verb or noun. For example:

(1) 一般他不去网吧。　Usually he does not go to internet bars.

(2) 他一般不去网吧。　He usually does not go to internet bars.

(3) 这是一般情况，别的就不说了。

This is a common situation, there is no need to say more.

4. 吧

"吧"（名词）最初就指酒吧，后来产生了一批由"吧"作为构词语素的合成词，例如：网吧、书吧、酒吧、玩具吧、陶吧。

The term "bar" or "cafe" can be used with different Chinese characters to form the words "internet bar", "book bar/cafe", "bar/pub", "toy bar/cafe", "pottery cafe", etc.

练　习 Exercise

一、语音练习 Pronunciation Exercises.

朗读下面的音节 Read aloud the following syllables.

gǎnmào	diǎnxin	fēngjǐng	jiǎnchá
mǎshàng	zháojí	zhàoxiàngjī	bùzhì
liúlàng	niúláng	kěxǐ	kèqi

二、替换练习 Word replacement exercises.

1 哪儿可以发 E-mail？

上网

寄信

买邮票

打电话

吃西餐

2 有便宜的也有贵的。

好的　　坏的

大的　　小的

新的　　旧的

近的　　远的

中餐　　西餐

三、完成对话 Complete the dialogue.

A：哪儿可以上网？

B：______________。

A：上网贵吗？

B：______________。

四、用"一般"回答问题 Answer the following questions with "一般".

1 你每天几点上课？几点下课？几点起床？几点睡觉？

2 你吃中餐还是西餐？你在家里吃还是在学校食堂吃？

3 你一个星期写几封信？打几个电话？发几封 E-mail？

4 下午和晚上你做什么？

五、熟读下面一段话并复述：

Read the following passage and then repeat it in your own words.

（山本说）我要发 E-mail，杰克告诉我可以去学校旁边的网吧上网。在网吧上网不贵，一般一个小时两块钱左右。

六、把下面的短文改成对话 Change the following passages into dialogues.

1 我要给妈妈打电话。我的同屋告诉我学校里边不能打国际电话，学校旁边的邮局可以，一分钟 15 块钱左右，我觉得太贵了。我想一个星期给妈妈打两个电话。

2 我要吃西餐。老师告诉我学校的食堂有西餐，很便宜，也很好吃。食堂离教室很近。我想下课以后去。

七、信息差会话：了解或说明主要的课程种类和内容

Conversation based on finding out the missing information: describing the courses and their contents.

1 共同阅读材料

1班：综合课、阅读课、口语课。

2班：综合课、阅读课、听力课、口语课、写作课。

2 分别阅读材料

你要上写作课。

你不上听力课、写作课。

3 会话练习

同学互相介绍自己的要求，再一一向老师提出分班要求。

第十二课

喂，请问玛丽在吗

Dì-shíèr kè　Wèi, qǐngwèn Mǎlì zài ma

I

杰克：喂，请问玛丽在吗？

玛丽：我就是。你是哪位？

杰克：我是杰克。

玛丽：哦，杰克，你好。

杰克：这个周末我们一起去跳舞吧！

玛丽：对不起，这个周末我妈妈要打电话给我。

杰克：那下个周末呢？
玛丽：下个周末……，我再给你打电话吧。
杰克：好啊，我的电话号码是54302869。
玛丽：好，再见。

Jiékè: Wèi, qǐngwèn Mǎlì zài ma?
Mǎlì: Wǒ jiù shì. Nǐ shì nǎ wèi?
Jiékè: Wǒ shì Jiékè.
Mǎlì: Ò, Jiékè, nǐ hǎo.
Jiékè: Zhè gè zhōumò wǒmen yìqǐ qù tiàowǔ ba!
Mǎlì: Duìbuqǐ, zhè gè zhōumò wǒ māma yào dǎ diànhuà gěi wǒ.
Jiékè: Nà xià gè zhōumò ne?
Mǎlì: Xià gè zhōumò……, wǒ zài gěi nǐ dǎ diànhuà ba.
Jiékè: Hǎo a, wǒ de diànhuà hàomǎ shì 54302869.
Mǎlì: Hǎo, zàijiàn.

2

杰克：喂。
玛丽：杰克吗？我是玛丽。
杰克：你好，玛丽。
玛丽：这个周末我们一起去跳舞好吗？
杰克：好啊，什么时候？在哪儿？
玛丽：星期五晚上八点，学生俱乐部，怎么样？
杰克：好的。
玛丽：那星期五晚上见！

Jiékè: Wèi.
Mǎlì: Jiékè ma? Wǒ shì Mǎlì.
Jiékè: Nǐ hǎo, Mǎlì.
Mǎlì: Zhè gè zhōumò wǒmen yìqǐ qù tiàowǔ hǎo ma?
Jiékè: Hǎo a, shénme shíhou? Zài nǎr?

Mǎlì: Xīngqī wǔ wǎnshang bā diǎn, xuéshēng jùlèbù, zěnmeyàng?

Jiékè: Hǎo de.

Mǎlì: Nà xīngqī wǔ wǎnshang jiàn!

生 词 New Vocabulary

1. 喂	(叹)	wèi	hello, hey
2. 位	(量)	wèi	*a measure word for people*
3. 周末	(名)	zhōumò	weekend
4. 跳舞	(动)	tiàowǔ	dance
5. 对不起	(动)	duìbuqǐ	excuse me; sorry
6. 号码	(名)	hàomǎ	number
7. 时候	(名)	shíhou	(duration of) time, moment
8. 晚上	(名)	wǎnshang	evening
9. 俱乐部	(名)	jùlèbù	club
10. 怎么样	(代)	zěnmeyàng	how; What do you think?
11. 见	(动)	jiàn	see, meet
12. 啊	(助)	ā	*an interjection indicating agreement/approval*

注 释 Explanatory Notes

1.哪位

常用于打电话，相当于“谁”。例如：

It is commonly used when talking on the telephone to ask who is speaking. For example:

(1) A：喂，您哪位？ Hello, who is this?

B：我是杰克。 I'm Jack.

(2) 您是哪位？有什么事？ Who is this? What do you want?

有时用于询问、确认知道名字但不认识的人。例如：

It is also used when asking the identity of a person whose name one recognizes, but not the person's physical appearance. For example:

(3) A：哪位是杰克？ Which person (who) is Jack?

B：我。 I am.

2. 喂

叹词。口语中常读二声。表示打招呼或要求对方做出反应（常用在电话中）。例如：

An interjection that is pronounced with the second tone. It is used in greeting a person or when asking a person to respond to a question. It is commonly used when talking on the telephone. For example:

(1) 喂，您哪位？ Hello, who is this?

(2) 喂，喂，听不清啊！ Hello, hello, I can't hear you clearly!

(3) 喂，你好，我找李老师。 Hello, I'm looking for (I'd like to speak to) Mr Li.

3. 怎么样

疑问代词。提出建议后询问对方的看法。例如：

An interrogative pronoun. Used after one has voiced a suggestion or recommendation and wishes to ask for the other person's opinion. For example:

(1) A：我们去学生俱乐部怎么样？

How about if we go to the student's club?

B：好。 Good.

(2) A：我们一起去看电影，怎么样？

Let's go watch a movie, OK? (Would you like to go to watch a movie?)

B：对不起，我很忙，下次吧！

I'm sorry, I'm very busy. How about next time instead?

(3) A：咱们去打乒乓球，怎么样？

How about if we go play pingpong?

B：太好了。 Great!

4. 那

连词。对话中承接前面陈述的情况，并连接下文。有“如果那样，那么”的意思。例如：

A conjunctional pronoun. Used in a conversation to link a statement or comment made previously, with the next topic. It means "if that is the case, then...." For example:

(1) A：这个周末你有空吗？ Do you have any free time this weekend?
B：没空。 No, I will not be free.
A：那下个周末呢？ Then what about next weekend?

(2) A：明天去看电影，怎么样？ Tomorrow do you want to see a movie?
B：不行，我明天有事。 No, I can't. I'm busy tomorrow.
A：那星期天怎么样？ Then how about Sunday?

练 习 Exercise

一、语音练习 Pronunciation exercises.

jiānchí	qiánbì	jīchǎng	jùchǎng
xuèyè	shùyè	jiǎnhuà	qiánghuà
shìgù	sùkǔ	lǐwù	nǚwū

二、替换练习 Word replacement exercises.

1. 这个周末你有空吗？
   明天下午
   下个星期二
   今天晚上
   这个星期六

2. 这个周末我们一起去跳舞好吗？
   下午　去打球
   明天　看电影
   这个星期天　吃午饭
   今天晚上　做练习

3. 星期五晚上见。
   明天
   星期天早上
   电影院门口
   北京

三、完成对话 Complete the dialogue.

1 A：请问玛丽在吗？
B：______________________。
A：我是山本。这个周末你有空吗？
B：______________________。

2 A：今天晚上我们一起去看电影好吗？
B：______________________。
A：那明天晚上呢？
B：______________________。
A：晚上 7 点，电影院门口见，怎么样？
B：______________________。

四、用“那”完成对话 Complete the dialogue with “那”.

例 A：明天我去城里，你呢？
B：我也去。
A：那我们一起去吧。

1 A：今天天气很好。
B：______________________。

2 A：我和你一起去教室。
B：______________________。

3 A：我很累。
B：______________________。

4 A：我有一个问题。
B：______________________。

五、用玛丽的语气复述第一段课文，用杰克的语气复述第二段课文

Retell the first chapter of the text using Mary's manner of speaking, retell the second chapter using Jack's manner of speaking.

六、根据下面的情景对话

Make a conversation with reference to the following situations.

1 约同屋这个周末去商店，同屋没有时间，他要去中国朋友的家里。你们打算下周末去。

2 A打电话给B，约B明天去玩儿。B的同屋说B不在。A请他转告B。B回到宿舍，听同屋说A约自己去玩。B打电话给A，告诉A明天要去寄信，不能去玩儿。

七、信息差会话：向别人赠送礼品

Conversation based on finding out the missing information: sending gifts.

1 共同阅读材料

礼品有：玩具熊、巧克力、苹果、汽车、钢笔、飞机、帽子、书。

2 分别阅读材料

你是A，喜欢书。 你是B，喜欢巧克力。
你是C，喜欢飞机。 你是D，喜欢钢笔。
你是E，喜欢苹果。 你是F，喜欢汽车。
你是G，喜欢帽子。 你是H，你有巧克力。
你是I，你有书。 你是J，你有飞机。
你是K，你有钢笔。 你是L，你有苹果。
你是M，你有玩具熊。 你是N，你有飞机。
你是O，你有巧克力。

3 会话练习

找到喜欢你的东西的同学，向他（她）赠送礼品。

第十三课

你跳得真好

Dì-shísān kè Nǐ tiào de zhēn hǎo

1

（在学生俱乐部门口）

玛丽：嗨，我在这儿。

杰克：来，我介绍一下，这是谢明，我的中国朋友；这是玛丽，她是美国留学生。

玛丽：你好。

谢明：你好。

（杰克去买票）

玛丽：你是这儿的学生吗？

谢明：对，我是英语系二年级的学生。

玛丽：我学中文。

谢明：你觉得中文怎么样？难不难？

玛丽：有点儿难，可是很有意思。

（杰克回来）

杰克：我们进去吧。

(Zài xuéshēng jùlèbù ménkǒu)

Mǎlì: Hāi, wǒ zài zhèr.

Jiékè: Lái, wǒ jièshào yíxià, zhè shì Xiè Míng, wǒ de Zhōngguó péngyou; zhè shì Mǎlì, tā shì Měiguó liúxuéshēng.

Mǎlì: Nǐ hǎo.

Xiè Míng: Nǐ hǎo.

(Jiékè qù mǎi piào)

Mǎlì: Nǐ shì zhèr de xuésheng ma?

Xiè Míng: Duì, wǒ shì Yīngyǔ xì èr niánjí de xuésheng.

Mǎlì: Wǒ xué Zhōngwén.

Xiè Míng: Nǐ juéde Zhōngwén zěnmeyàng? Nán bu nán?

Mǎlì: Yǒudiǎnr nán, kěshì hěn yǒu yìsi.

(Jiékè huílái)

Jiékè: Wǒmen jìnqù ba.

2

(玛丽和一个中国男孩在跳舞)

男孩：你跳得真好！

玛丽：谢谢。你也跳得不错。

男孩：你是哪国人？

玛丽：我是美国人，我叫玛丽，你呢？

男孩：我叫王朋，是中文系的学生。

玛丽：你喜欢跳舞吗？

王朋：对，我很喜欢跳舞，你也喜欢吧？

玛丽：对，我也很喜欢。

(Mǎlì hé yí gè Zhōngguó nánhái zài tiàowǔ)

Nánhái: Nǐ tiào de zhēn hǎo!

Mǎlì: Xièxie. Nǐ yě tiào de búcuò.

Nánhái: Nǐ shì nǎ guó rén?

Mǎlì: Wǒ shì Měiguó rén, wǒ jiào Mǎlì, nǐ ne?

Nánhái: Wǒ jiào Wáng Péng, shì Zhōngwén xì de xuésheng.

Mǎlì: Nǐ xǐhuan tiàowǔ ma?

Wáng Péng: Duì, wǒ hěn xǐhuan tiàowǔ, nǐ yě xǐhuan ba?

Mǎlì: Duì, wǒ yě hěn xǐhuan.

生　词　New Vocabulary

1. 嗨	（叹）	hāi	*an interjection similar in meaning to "hey!"*
2. 介绍	（动）	jièshào	introduce
3. 一下	（量）	yíxià	one time, once
4. 票	（名）	piào	ticket
5. 英语	（名）	Yīngyǔ	English language
6. 中文	（名）	Zhōngwén	Chinese language
7. 系	（名）	xì	department (in a college)
8. 年级	（名）	niánjí	grade, year (in a school)
9. 觉得	（动）	juéde	feel, think
10. 难	（形）	nán	difficult
11. 有点儿	（副）	yǒudiǎnr	a little bit, somewhat, rather
12. 可是	（连）	kěshì	but, yet, however
13. 有意思		yǒu yìsi	interesting, significant, meaningful, enjoyable
14. 回来	（动）	huílái	return, come/be back
15. 进去	（动）	jìnqù	enter, go in
16. 和	（连）	hé	and
17. 男孩	（名）	nánhái	boy
18. 跳	（动）	tiào	dance, jump
19. 得	（助）	de	*a particle used with resultative verbs*
20. 不错	（形）	búcuò	not bad, pretty good

专　名　Proper Nouns

1. 谢明	Xiè Míng
2. 王朋	Wáng Péng

情境词　Situational Words

门口	（名）	ménkǒu	entrance, doorway

注　释 Explanatory Notes

1. 来

动词。用来引起听话人的注意，并提示要做某事。例如：

A verb used to attract a person's attention, indicates that the speaker wants to do something. For example:

(1) 来，我介绍一下。　　Let me introduce to you.

(2) 来，干一杯！　　Let's have a toast!

(3) 来，你喝！　　Have a drink (drink up)!

2. 进＋来／去

"来/去"是趋向补语，表示动作的趋向。说"进去"时，说话人在外边；说"进来"时，说话人一般在里边。例如：

"来/去" are directional complements which indicate the direction of the action. When one says "进去" ("go in") it is assumed that the person speaking is standing outside. When one says "进来" ("come in") the person speaking is usually already inside. For example:

(1) 我们进去吧。　　Let's go in.

(2) 你们进来吧。　　Come in.

表示处所的词语应位于"进"和"来/去"之间：进＋处所词＋来/去。例如：

The location word should be placed between "进" and "来" or "去". For example:

(3) 进房间去。　　Go into the room.

　　*进去房间。

(4) 进屋子来。　　Come into the room.

　　*进来屋子。

3. 怎么样

疑问代词。问对方对某事的看法。例如：

An interrogative pronoun is used when asking someone's opinion about something. For example:

(1) A：你觉得中文怎么样？　　How is (learning) Chinese?

　　B：很难。　　(It's) very difficult.

(2) A：这种小吃怎么样？ How (does) this kind of snack (taste)?
B：很好吃。 (It's) very good.
(3) A：这个学生怎么样？ How is this student? (What is this student like?)
B：很努力。 (He/she's) very diligent.

练 习 Exercise

一、语音练习 Pronunciation exercises.

1. 朗读下面的语音 Read aloud the following *pinyin*.

gǎnxiè	guàngjiē	rènshi	shēnshì
jùlèbù	Yīngyǔ xì	Zhōngwén xì	nán bu nán
hěn yǒu yìsi	yě hěn xǐhuan	mànman chī	mǎmǎhūhū

2. 朗读下面的句子并注意重音
Read aloud the following sentences, paying attention to the accent.

① 这是谢明，我的中国朋友。
② 你是这儿的学生吗？
③ 你觉得中文怎么样？
④ 中文很难，可是很有意思。
⑤ 你跳得真好。

二、完成对话 Complete the dialogue.

① A：你是这儿的学生吗？
B：________________，你呢？
A：________________。你学习什么？
B：________________。

② A：你觉得汉语难吗？
B：________________。你喜欢英语吗？
A：________________。

③ A：你跳得真好！
B：________________。

三、用“怎么样”提五个问题并回答

Ask five questions with **“怎么样”**, then reply them.

四、在下面的句子中，说话人在哪里

Think about where the speaker is standing.

1 你进来吧。
2 我不想进去。
3 你不能进教室去。
4 你们不想进房间来吗？

五、按图写话（用上“进来、进去”）Write about the picture using“进来”and“进去”.

六、介绍你旁边的同学，用上句式“我介绍一下，这是…”

Introduce the classmate next to you using the format **“我介绍一下，这是…”**

七、用王朋的语气复述第二段对话

Imitate Wang Peng’s manner of speaking to retell the second dialogue.

八、情景会话 Situational dialogue.

认识了一个新朋友，互相问一问学习情况和爱好。(用上句式“觉得怎么样”“V得adj”“喜欢……吗”。)

九、信息差会话 了解或说明运动方面的兴趣或爱好

Conversation based on finding out the missing information: interests and hobbies in sports.

1. 共同阅读材料：

   男的喜欢篮球、足球；女的喜欢排球、乒乓球。

2. 分别阅读材料：

   你是男同学。

   你是女同学。

3. 会话练习：男同学和女同学互相介绍兴趣爱好

第十四课

我觉得有点儿难

Dì-shísì kè　Wǒ juéde yǒudiǎnr nán

（舞会以后，回宿舍的路上）

杰克：玛丽，今天晚上玩儿得怎么样？

玛丽：太高兴了，真好玩儿。

杰克：以后我们常来这儿玩儿吧。

玛丽：不行啊，我有很多作业。

杰克：是吗？没关系。

玛丽：那个谢明很有意思。

杰克：对，他人很好。

玛丽：他问我中文难不难。
杰克：你觉得难不难？
玛丽：我觉得有点儿难，可是很有意思。我中文说得不好。
杰克：我觉得你说得不错。这样吧，我跟你练习说中文，好不好？
玛丽：真的？那太好了！

(Wǔhuì yǐhòu, huí sùshè de lùshang)
Jiékè: Mǎlì, jīntiān wǎnshang wánr de zěnmeyàng?
Mǎlì: Tài gāoxìng le, zhēn hǎo wánr.
Jiékè: Yǐhòu wǒmen cháng lái zhèr wánr ba.
Mǎlì: Bù xíng a, wǒ yǒu hěn duō zuòyè.
Jiékè: Shì ma? Méi guānxi.
Mǎlì: Nà gè Xiè Míng hěn yǒu yìsi.
Jiékè: Duì, tā rén hěn hǎo.
Mǎlì: Tā wèn wǒ Zhōngwén nán bu nán?
Jiékè: Nǐ juéde nán bu nán ?
Mǎlì: Wǒ juéde yǒudiǎnr nán, kěshì hěn yǒu yìsi. Wǒ Zhōngwén shuō de bù hǎo.
Jiékè: Wǒ juéde nǐ shuō de búcuò. Zhèyàng ba, wǒ gēn nǐ liànxí shuō Zhōngwén, hǎo bu hǎo?
Mǎlì: Zhēn de? Nà tài hǎo le!

生　词 New Vocabulary

1. 以后	（名）	yǐhòu	after, from now on
2. 回	（动）	huí	return, go back
3. 玩儿	（动）	wánr	entertain oneself, play
4. 高兴	（形）	gāoxìng	happy
5. 好玩儿	（形）	hǎowánr	interesting, amusing
6. 常	（副）	cháng	often
7. 行	（形）	xíng	all right
8. 作业	（名）	zuòyè	task, work
9. 没关系		méi guānxi	not at all

10. 他	（代）	tā	he, him
11. 这样	（代）	zhèyàng	so, such, like this
12. 跟	（连）	gēn	with
13. 练习	（动）	liànxí	exercise
14. 说	（动）	shuō	speak

情境词 Situational Words

舞会	（名）	wǔhuì	ball, dance

注　释 Explanatory Notes

1. 他人很好

这儿表示对人内在方面的评价。例如：

In this case the sentence expresses evaluation on a person's moral nature. For example:

（1）他人很好，但他对我不好。

He is a nice person, but he is not kind to me.

（2）他对我不好，但他人很好。

He is not kind to me, but he's a nice person.

（3）这些学生人都好，只是成绩不一样。

These students are all nice, but different in their study grades.

2. 那个＋人物专名

指示交谈者知道的不在谈话现场或在远处看得见的人。专名重读。例如：

那个 is used to indicate a person who is seen in the distance or not present, but known to the speakers. Proper nouns should be pronounced emphatically. For example:

（1）A：那个谢明很有意思。　　That Xie Ming is very interesting.

B：对，他人很好。　　All right, he is a nice person.

（2）谁都知道，那个罗兰是我们学校最好的学生。
Everyone knows that Luolan is the best student of our school.
（3）你看，那个罗兰舞跳得多好。
Look, that Luolan is dancing well.

练　习 Exercise

一、朗读下面的音节：Read the following syllables aloud.

bìjìng	pìjìng	xīnkǔ	shìgù
zǔzhī	jùzi	hǎoma	hòumén
jièshào	yīyào	chēpiào	túbiǎo

二、替换练习 Word replacement exercises.

1
他　人　很好。
我　身体　不舒服
爸爸　工作　忙
这篇课文　生词　难
每天我们　作业　多

2
我　问他　明天　来　不来。
爸爸　他　作业　多　多
他　我　工作　忙　忙
莎莎　玛丽　中餐　好吃　好吃

3
有点儿难。
忙
多
不舒服
酸

三、用“好不好（征求意见）”作简短对话
Make a brief conversation with “好不好 (ask for advice)?”

四、用“你觉得……”作简短对话（也可请同学循环问答）

Make a brief conversation using “你觉得…” (or students ask and answer in turns.).

五、用自己的话复述课文内容（用第三人称叙述）

Retell the text in your own words (recount using the third person).

六、请以“我的生活”为题，用学过的句式和生词自由表达。如：每天做什么，周末做什么，喜欢做什么，喜欢吃什么，有朋友吗……（请老师先给出句式和词）

Make a presentation titled “My Life” using the patterns and new words learned before. You can talk about what you do everyday, how you spend your weekends, what you most like to eat, and so on.

七、信息差会话：了解或说明主要娱乐方式或内容

Conversation based on finding out the missing information: entertainment.

1 分别阅读材料

你喜欢打乒乓球。

你喜欢听音乐，流行音乐。

你喜欢听音乐，不喜欢流行音乐。

你不喜欢乒乓球，喜欢足球。

你是A，你想知道别人喜欢什么。

2 会话练习

A同学先了解各位同学喜欢什么，再向老师介绍。

第十五课

去动物园怎么走

Dì-shíwǔ kè　Qù dòngwùyuán zěnme zǒu

1

（在教室）

山本：老师，您知道去动物园怎么走吗？

老师：你想怎么去？坐公共汽车还是骑自行车？

山本：坐公共汽车。

老师：来，我们看一下地图。我们的大学在这儿，动物园在那儿，你坐27路公共汽车，坐五站，到火车站换70路车，坐十站就到了。

山本：噢，知道了，谢谢老师。

(Zài jiàoshì)

Shānběn: Lǎoshī, nín zhīdào qù dòngwùyuán zěnme zǒu ma?

Lǎoshī: Nǐ xiǎng zěnme qù? Zuò gōnggòng qìchē háishi qí zìxíngchē?

Shānběn: Zuò gōnggòng qìchē.

Lǎoshī: Lái, wǒmen kàn yíxià dìtú. Wǒmen de dàxué zài zhèr, dòngwùyuán zài nàr, nǐ zuò èrshíqī lù gōnggòng qìchē, zuò wǔ zhàn, dào huǒchēzhàn huàn qīshí lù chē, zuò shí zhàn jiù dào le.

Shānběn: Ō, zhīdào le, xièxie lǎoshī.

2

（在路上）

贝　利：小姐，请问，去外文书店怎么走？

路人一：对不起，我不知道。

贝　利：我们再问一个人吧。

大　卫：先生，请问，去外文书店怎么走？

路人二：一直往前走，过两个路口，往右拐，再过一个路口就到了。

贝　利：谢谢。

大　卫：请问，请问……附近有公共厕所吗？

路人二：外文书店旁边有一个。

大　卫：谢谢，再见。

(Zài lùshang)

Bèilì: Xiǎojiě, qǐngwèn, qù Wàiwén Shūdiàn zěnme zǒu?

Lùrén yī: Duìbuqǐ, wǒ bù zhīdào.

Bèilì: Wǒmen zài wèn yí gè rén ba.

Dàwèi: Xiānsheng, qǐngwèn, qù Wàiwén Shūdiàn zěnme zǒu?

Lùrén èr: Yìzhí wǎng qián zǒu, guò liǎng gè lùkǒu, wǎng yòu guǎi, zài guò yí gè lùkǒu jiù dào le.

Bèilì: Xièxie.

Dàwèi: Qǐngwèn, qǐngwèn……fùjìn yǒu gōnggòng cèsuǒ ma?

Lùrén èr: Wàiwén Shūdiàn pángbiān yǒu yí gè.

Dàwèi: Xièxie, zàijiàn.

生　词 New Vocabulary

1. 知道	（动）	zhīdào	know
2. 动物园	（名）	dòngwùyuán	zoo
3. 怎么	（代）	zěnme	how
4. 走	（动）	zǒu	go
5. 坐	（动）	zuò	take, travel by
6. 汽车	（名）	qìchē	bus, car
7. 公共	（形）	gōnggòng	public
8. 公共汽车		gōnggòng qìchē	bus
9. 骑	（动）	qí	ride
10. 自行车	（名）	zìxíngchē	bike, bicycle
11. 看	（动）	kàn	look
12. 地图	（名）	dìtú	map
13. 路	（名）	lù	route
14. 火车	（名）	huǒchē	train
15. 站	（名）	zhàn	station
16. 到	（动）	dào	get
17. 换	（动）	huàn	change
18. 噢	（叹）	ō	oh
19. 外文	（名）	wàiwén	foreign language
20. 书店	（名）	shūdiàn	bookstore
21. 先生	（名）	xiānsheng	sir
22. 一直	（副）	yìzhí	all along, straight
23. 往	（介）	wǎng	to, be bound for/towards
24. 前	（名）	qián	ahead
25. 过	（动）	guò	cross
26. 路口	（名）	lùkǒu	crossing, intersection
27. 右	（名）	yòu	right
28. 拐	（动）	guǎi	turn
29. 厕所	（名）	cèsuǒ	toilet, water-closet
30. 公共厕所		gōnggòng cèsuǒ	public toilet, latrine, comfort station

31. 附近	（名）	fùjìn	nearby, neighbourhood

情境词 Situational Words

教室	（名）	jiàoshì	classroom

注　释 Explanatory Notes

1. 去……怎么走?

询问去某个地方的路线（路线受方式的影响）。例如：

It is used to ask for directions. (the route is affected by the means.) For example:

(1) A：请问，去图书馆怎么走?

Excuse me, how to get to the library?

B：一直往前走，到书店往右拐就到了。

Walk straight to the bookstore, then turn to the right, and you'll get there.

(2) A：去动物园怎么走?　　How to get to the zoo?

B：坐27路公共汽车，到火车站换70路，一直到终点站下车就到了。

Take bus No.27, then change No. 70 at the railway station and get off at the terminal station.

(B：骑自行车一直往北走，到了十字路口，向东15分钟就到了。

If you ride a bike, go straight north, then turn to the east at the crossroads, and you'll get there in fifteen munites.)

2. 怎么去?

询问的重点在去的方式。例如：

It emphasizes ways of going. For example:

(1) A：我们怎么去那儿?　　How can we get there?

B：走路去。　　Walk there.

(B：打的去。　　Take a taxi.)

(2) 没有汽车，没有自行车，我们怎么去那儿呢?

There's neither a car nor a bike, how can we get there?

(3) A：你想怎么去那儿?　　How do you want to go there?

B：坐飞机。　　Take a plane.

3. 还是

连词。用于选择问句。例如：

A conjunction used in alternative questions. For example:

(1) A：你坐公共汽车还是骑自行车？

Will you take a bus or ride a bike?

B：坐公共汽车。 Take a bus.

(2) 你明天去还是今天去？ Will you go tomorrow or today?

(3) 你吃面条还是吃水饺？ What do you like to eat, noodles or dumplings?

练　习 Exercise

一、朗读下面的音节 Read the following syllables aloud.

diànhuà	biànhuà	xǐliǎn	shìyàn
jùliè	xùliè	máfan	mófàn
nǎojīn	liáotiān	túhuà	dìguā

二、看图说话（可自己画学校的地图、城市的地图等标上建筑物名称、路名、车站、公共汽车等，请学生练习问路和指路。同时也可复习方位词“……在……的左边”等等。）

Use the simply-drawn map or the plan of school drawn by students themselves to practice asking for directions and giving directions.Students also can review phrases of location, “…在…的左边”, and so on.

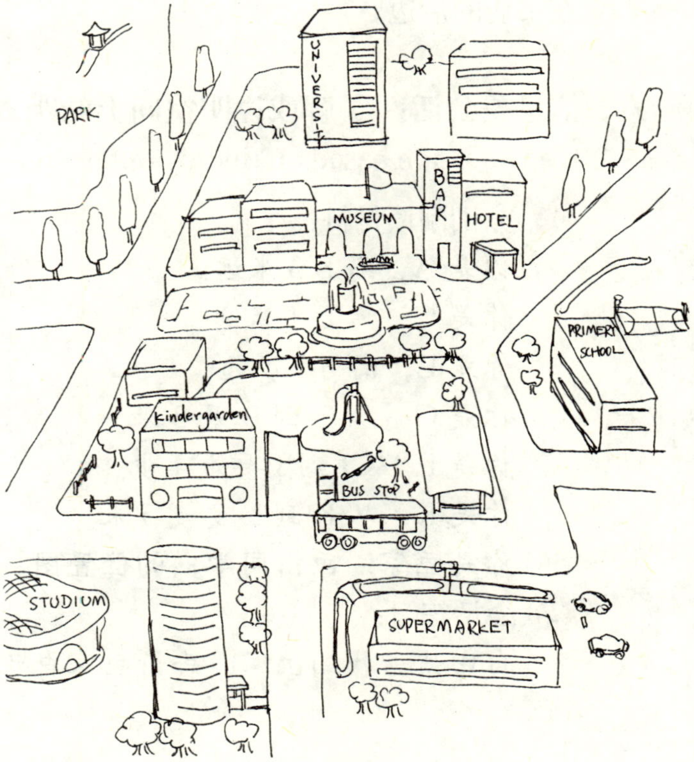

三、完成对话 Complete the dialogue.

1 A：请问，______________________？
B：一直往前走，往右拐，就是图书馆。

2 A：______________________，你吃什么？
B：我吃包子吧，我不喜欢吃馒头。

3 A：______________________？
B：我坐飞机去北京。

4 A：______________________，晚上你做什么？
B：我不想看电视，也不想做作业，我想去跳舞。

四、老师问问题，学生回答

The teacher asks the following questions and students answer them.

1 "好"怎么写？
2 去人民广场怎么走？
3 你怎么来上课，走路还是骑车？
4 你说英语还是说汉语？
5 圣诞节你去哪儿，陕西还是云南？怎么去？

五、听述（或听后画图）Listen and repeat.(Listen and draw a corresponding picture.)

小王去网吧上网。网吧离宿舍不太远，走路十分钟。从宿舍出来，一直往前走，到邮局那儿往右拐，过一个路口，再往左拐，路的左边是图书馆，右边是书店，网吧就在书店的后边。

六、信息差会话：了解或说明空间上的距离

Conversation based on finding out the missing information: expression of the distance.

1 分别阅读材料：

你是A，离B 3米远。
你是B，离C 2米远。
你是C，离D 1米远。
你是D，离E 4米远。
你是E，离F 5步远。
你是F，从F到A是6步。
你是G，从G到B是3米。
你是H，从H到D是6米。
你是I，从I到J要走4步。
你是J，从J到K要走6步。
你是K，从K到L要走5米。
你是L，从L到F要走3米。
你是画家，画出同学们的位置图。

2 会话练习：

自由谈话找到画家，告诉画家自己的位置。

第十六课

今天牌价多少

Dì-shíliù kè　Jīntiān páijià duōshao

（在宿舍）

戈马拉：山本，你去哪儿？

山　本：我去银行换钱，我的钱用完了。

戈马拉：我也想去银行换钱。

山　本：那我们一起去吧。

（在银行里）

戈马拉：请问，这儿可以换钱吗？

营业员：可以，您换什么钱？

戈马拉：用美元换人民币。今天牌价多少？

营业员：一百美元换七百七十五块人民币。您换多少？

戈马拉：三百美元。

营业员：请填一下单子。

戈马拉：好的。

营业员：三百美元换人民币二千三百二十五元。您数数。

戈马拉：啊，怎么少了一百元？

营业员：是吗？您再数数。

戈马拉：对不起，对不起，是我数错了。

山　本：日圆牌价多少？

营业员：一万日圆换六百五十元人民币。您换多少？

山　本：我换……糟糕！我忘了带日圆了。

(Zài sùshè)

Gēmǎlā: Shānběn, nǐ qù nǎr?

Shānběn: Wǒ qù yínháng huànqián, wǒ de qián yòngwán le.

Gēmǎlā: Wǒ yě xiǎng qù yínháng huànqián.

Shānběn: Nà wǒmen yìqǐ qù ba.

(Zài yínháng li)

Gēmǎlā: Qǐngwèn, zhèr kěyǐ huànqián ma?

Yíngyèyuán: Kěyǐ, nín huàn shénme qián?

Gēmǎlā: Yòng měiyuán huàn rénmínbì. Jīntiān páijià duōshao?

Yíngyèyuán: Yìbǎi měiyuán huàn qībǎi qīshíwǔ kuài rémínbì. Nín huàn duōshao?

Gēmǎlā: Sānbǎi měiyuán.

Yíngyèyuán: Qǐng tián yíxià dānzi.

Gēmǎlā: Hǎo de.

Yíngyèyuán: Sānbǎi měiyuán huàn rénmínbì èrqiān sānbǎi èrshíwǔ yuán. Nín shǔshu.

Gēmǎlā: Ǎ, zěnme shǎole yìbǎi yuán?

Yíngyèyuán: Shì ma? Nín zài shǔshu.

Gēmǎlā: Duìbuqǐ, duìbuqǐ, shì wǒ shǔcuò le.

Shānběn: Rìyuán páijià duōshao?

Yíngyèyuán: Yíwàn rìyuán huàn liùbǎi wǔshí yuán rénmínbì. Nín huàn duōshao?

Shānběn: Wǒ huàn……zāogāo! Wǒ wàngle dài rìyuán le.

生　词 New Vocabulary

1. 牌价	(名)	páijià	list price, exchange quotation
2. 银行	(名)	yínháng	bank
3. 用	(动)	yòng	spend
4. 完	(动)	wán	run out, use up
5. 百	(数)	bǎi	hundred
6. 千	(数)	qiān	thousand
7. 万	(数)	wàn	ten thousand
8. 元	(量)	yuán	*yuan*

9. 填	（动）	tián	fill in
10. 单子	（名）	dānzi	bill
11. 数	（动）	shǔ	count
12. 少	（形、动）	shǎo	be short of, lack
13. 错	（形）	cuò	wrong, mistaken
14. 糟糕	（形）	zāogāo	terrible, too bad
15. 忘	（动）	wàng	forget
16. 带	（动）	dài	take
17. 美元	（名）	měiyuán	US dollar
18. 人民币	（名）	rénmínbì	Renminbi
19. 日圆	（名）	rìyuán	yen

注　释 Explanatory Notes

1. 一下

提出要求时，放在动词后面，表示委婉的语气。例如：

When asking for sth, it is used after a verb to express a mild tone. For example:

（1）请填一下单子。　Fill in the bill, please.

（2）你过来一下。　Just come here a moment.

（3）我看一下。　Let me have a look.

2. 你数数

这个句子表示祈使。"数数"是动词重叠，口气比不重叠时缓和。例如：

This sentence is to express imperative. "数数" is a reduplicated verb that sounds milder and more polite than not reduplicated one. For example:

（1）你再数数。　Count again.

（2）你看看，这个字怎么念？　Just look here, how is the word pronounced?

（3）你坐坐，我一会儿就来。　Just wait a little while, I'll come right away.

3. 是我数错了

"是"表强调，确认后面所说的情况是事实。即，"少了一百元"的原因的确"是我数错了"。例如：

"是" is used at the beginning of a declarative sentence to indicate emphasis and reinforce the assertion. For example:

(1) A：怎么少了一百元？ Why was one hundred *yuan* short?
B：对不起，对不起，是我数错了。
Sorry, I did make a mistake.

(2) A：你怎么没告诉我？ Why didn't you tell me?
B：对不起，是我忘了。 Sorry, I forgot.

(3) A：你找到你的笔了吗？ Have you found your pen?
B：找到了，是我忘在教室里了。
Yes, I've left it in the classroom.

练 习 Exercise

一、语音练习 Pronunciation Exercises.

1. 朗读下面的音节 Read the following syllables aloud.

páijià	quánjiā	zāogāo	cǎogǎo
rìyuán	yíngyèyuán	shǔshù	chīcù
duìbuqǐ	tuīyí	jīnqián	xīnqíng

2. 朗读下面的句子并注意重音

Read the following example sentences aloud, paying attention to the accent.

1. 请问，这儿可以换钱吗？
2. 一百美元换八百二十五块人民币。
3. 怎么少了一百元？
4. 是我数错了。

二、完成对话 Complete the dialogue.

A：请问，这儿可以换钱吗？
B：____________________？
A：____________________？
B：一万日圆换六百五十元。您换多少？
A：____________________。

A：今天美元的牌价多少？

B：______________________。

A：我换100美元。

B：______________________。

A：啊，少了50块钱！

B：是吗？你再数一下。

A：______________________。

三、模仿例句做扩展练习 Expand to form sentences imitating the examples.

1. 例：填——填一下——填一下单子——请填一下单子。
   写
   等
   告诉
   介绍

2. 例：数——数错——数错了——是我数错了。
   听
   看
   说
   写

3. 例：带——带日圆——忘了带日圆——我忘了带日圆。
   写
   通知
   换
   买
   打

四、听广播记下当天的牌价 Listen to the radio and then write down the current prices.

五、以山本的口气讲述去银行换钱的经过

Recount the course of changing money in the bank using Shanben's manner of speaking.

六、根据下面提供的材料对话

Make a conversation with reference to the following information.

换500美元，牌价100∶663

换15000日圆，牌价100∶6.43
换50英镑，牌价100∶1497
换200欧元，牌价100∶1004.59

七、信息差会话：了解或说明汇率，学会兑换钱币

Conversation based on finding out the missing information: learning to exchange currency.

（说明：老师应按照分别阅读材料制作不同的材料分发给学生阅读，每一个学生阅读的材料是不同的。后同。）

1 共同阅读材料

人民币外汇牌价（100外币/人民币）

日期：2006/12/21

外币名称	人民币	外币名称	人民币
美元（USD）	773.78	英镑（GBP）	1497.6
港币（HKD）	99.53	瑞士法郎（CHF）	626.1
日圆（GPY）	6.4382	加拿大元（CAD）	663.5
欧元（EUR）	1004.59	澳大利亚元（AUD）	598.37

2 分别阅读材料

你是兑换台的工作人员。

你换1000日圆。　　你换500港币。
你换50英镑。　　你换1000澳大利亚元。
你换300美元。　　你换200欧元。
你换100加拿大元。　　你换150瑞士法郎。

3 会话练习

找到营业员换钱。

第十七课

下星期不上课

Dì-shíqī kè　Xià xīngqī bú shàngkè

（在教室）

李老师：今天的口语课就到这儿，
　　　　还有问题吗？

罗　兰：老师，下星期我们不上课吗？

李老师：对，国庆节放假一周，
　　　　下星期不上课。

罗　兰：那我们什么时候开始上课？

李老师：十月八号。

杰　克：网吧也关门吗？

李老师：网吧一般不关门。

山　本：老师，你知道哪儿好玩儿吗？

李老师：好玩儿的地方很多，有近的，
　　　　也有远的……

山　本：老师，火车票贵吗？

杰　克：山本，我们可以下课了吗？
　　　　你的问题太多了。

山　本：对不起，对不起，老师，
　　　　还有一个问题……

(Zài jiàoshì)

Lǐ lǎoshī: Jīntiān de kǒuyǔ kè jiù dào zhèr, háiyǒu wèntí ma?

Luólán: Lǎoshī, xià xīngqī wǒmen bú shàngkè ma?

Lǐ lǎoshī: Duì, guóqìng jié fàngjià yì zhōu, xià xīngqī bú shàngkè.

Luólán: Nà wǒmen shénme shíhou kāishǐ shàngkè?

Lǐ lǎoshī: Shí yuè bā hào.

Jiékè: Wǎngbā yě guānmén ma?

Lǐ lǎoshī: Wǎngbā yìbān bù guānmén.

Shānběn: Lǎoshī, nǐ zhīdào nǎr hǎowánr ma?

Lǐ lǎoshī: Hǎowánr de dìfang hěn duō, yǒu jìn de, yě yǒu yuǎn de……

Shānběn: Lǎoshī, huǒchē piào guì ma?

Jiékè: Shānběn, wǒmen kěyǐ xiàkèle ma? Nǐ de wèntí tài duō le.

Shānběn : Duìbuqǐ, duìbuqǐ, lǎoshī, hái yǒu yí gè wèntí……

生 词 New Vocabulary

1. 课	（名）	kè	class
2. 上课	（动）	shàngkè	have class
3. 下课	（动）	xiàkè	finish class
4. 问题	（名）	wèntí	question
5. 放假	（动）	fàngjià	have a holiday, have a day off
6. 周	（名）	zhōu	week
7. 开始	（动）	kāishǐ	begin
8. 关	（动）	guān	close
9. 门	（名）	mén	door
10. 地方	（名）	dìfang	place

专 名 Proper Nouns

1. 李	Lǐ	Li (a surname)
2. 国庆节	guóqìng jié	National Day

注　释 Explanatory Notes

到这儿

"这儿"，指示代词，表示说话人当前的时间及涉及的内容。"到这儿"是宣布下课或会议结束等的常用词。例如：

"这儿" is a demonstrative pronoun indicating the present time and content. "到这儿"is a formula used to say something (class, meeting, etc.) is finished. For example:

(1) 今天的口语课就到这儿，现在下课。
That's it for today, now let's finish class.

(2) 今天就到这儿，明天咱俩接着谈。
That's it for today, we'll go on tomorrow.

(3) 今天的会就到这儿了，散会。
That's it for today. The meeting is over.

练　习 Exercise

一、语音练习 Pronunciation Exercises.

1. 朗读下面的音节 Read the following syllables aloud.

kāishǐ	háishì	wǎngbā	wénhuà
guānmén	zhuānmén	guóqìng jié	kǒuyǔ kè
huǒchē	huòzhě	zhùyì	shǔyú

2. 朗读下面的句子并注意重音
Read aloud the following sentences, paying attention to the accent.

1 下星期我们不上课吗？
2 国庆节放假一周。
3 网吧一般不关门。
4 你知道哪儿好玩吗？
5 你的问题太多了。

二、说一说（用上“一般”） Use “一般” to talk about the following subjects.

1. 你做下面这些事情的时间：
   吃早饭　吃午饭　锻炼身体　复习汉语　看电视　睡觉
2. 你每天上午、下午、晚上做些什么。

三、模仿例句造句 Make sentences imitating the examples.

1. 谁有自行车——你知道谁有自行车吗？
   他在哪儿
   什么时候放假
   他叫什么名字
   去城里怎么走
2. 好玩的地方很多——好玩的地方很多，有近的，也有远的……
   学校餐厅的菜很多
   商场的衣服很多
   图书馆里有很多书
   杂志都在这儿

四、用罗兰的口气复述课文 Retell the text using Luolan's manner of speaking.

五、根据下面的短文对话 Make a conversation with reference to the following passage.

明天我们不上课，去动物园玩。我们早上7:50在学校门口上车，下午三点回来。午饭在外面吃。

六、信息差会话：了解或说明对某事确定的看法或态度
Conversation based on finding out the missing information: expressing different opinions.

1. 共同阅读材料
   几个人一起吃苹果，一个小孩分苹果，他给大人大苹果、小孩小苹果。
   分别阅读材料：

你是小孩，你不高兴。	你是大人，你很高兴。
你是大人，你不高兴。	你是小孩，你很高兴。
你的是大苹果，你很高兴。	你的是小苹果，你不高兴。

2. 会话练习
   互相讨论对共同阅读材料的看法，要说明为什么。

第十八课

国庆节你们去哪儿

Dì-shíbā kè Guóqìng jié nǐmen qù nǎr

（在宿舍）

玛丽：国庆节你们去哪儿？

山本：听说九寨沟很漂亮，我想去玩一玩。

贝利：我也听说九寨沟不错。大卫，你呢？

大卫：我跟我女朋友去西安、敦煌。

山本：去那么远的地方，时间够吗？

大卫：够了，七天呢。

玛丽：听说去西安的人很多，你要早点去买火车票啊。

大卫：我明天就去。你呢，玛丽？

玛丽：我想去云南昆明。

山本：为什么去云南？

玛丽：云南有很多少数民族。

贝利：少数民族？

玛丽：对，我对他们的生活很感兴趣。

山本：昆明远吗？

玛丽：不太远，坐火车十六个小时。

大卫：十六个小时？太远了！

山本：在中国，这不算远。

(Zài sùshè)

Mǎlì: Guóqìng jié nǐmen qù nǎr?

Shānběn: Tīngshuō Jiǔzhàigōu hěn piàoliang, wǒ xiǎng qù wán yi wán.

Bèilì: Wǒ yě tīngshuō Jiǔzhàigōu búcuò. Dàwèi, nǐ ne?

Dàwèi: Wǒ gēn wǒ nǚpéngyou qù Xī'ān、Dūnhuáng.

Shānběn: Qù nàme yuǎn de dìfang, shíjiān gòu ma?

Dàwèi: Gòu le, qī tiān ne.

Mǎlì : Tīngshuō qù Xī'ān de rén hěn duō, nǐ yào zǎodiǎn qù mǎi huǒchē piào a.

Dàwèi: Wǒ míngtiān jiù qù. Nǐ ne, Mǎlì?

Mǎlì: Wǒ xiǎng qù Yúnnán Kūnmíng.

Shānběn: Wèi shénme qù Yúnnán?

Mǎlì: Yúnnán yǒu hěn duō shǎoshù mínzú.

Bèilì: Shǎoshù mínzú?

Mǎlì: Duì, wǒ duì tāmen de shēnghuó hěn gǎn xìngqù.

Shānběn: Kūnmíng yuǎn ma?

Mǎlì: Bú tài yuǎn, zuò huǒchē shíliù gè xiǎoshí.

Dàwèi: Shíliù gè xiǎoshí? Tài yuǎn le!

Shānběn: Zài Zhōngguó, zhè bú suàn yuǎn.

生　词 New Vocabulary

1. 听说	(动)	tīngshuō	hear (of); It's said that...; to be told
2. 那么	(代)	nàme	so
3. 时间	(名)	shíjiān	time
4. 够	(动)	gòu	be enough
5. 早	(形)	zǎo	early
6. 少数	(名)	shǎoshù	minority
7. 民族	(名)	mínzú	nationality
8. 生活	(名)	shēnghuó	life
9. 他们	(代)	tāmen	they, them
10. 对	(介)	duì	*a preposition meaning "to, in"*

11. 兴趣	（名）	xìngqù	interest
12. 感兴趣		gǎn xìngqù	be interested in

专　名 Proper Nouns

1. 九寨沟	Jiǔzhàigōu	Jiuzhaigou Valley
2. 西安	Xī'ān	Xi'an City
3. 敦煌	Dūnhuáng	Dunhuang City
4. 云南	Yúnnán	Yunnan Province
5. 昆明	Kūnmíng	Kunming City

注　释 Explanatory Notes

1. 就

副词。"时间词＋就＋动"表示事情发生的时间早。例如：

The adverb indicates that something takes place earlier than usual, proper or expected lapse of time in this pattern：time words + 就 + verb. For example:

（1）我明天就去。　I'll go tomorrow.

（2）八点半上课，他七点半就来了。

Classes began at half past eight, he came at half past seven.

（3）他下个月就来。　He will come next month.

2. 对……感兴趣

"感兴趣"不能直接跟宾语，只能用"对＋宾语＋感兴趣"。例如：

"感兴趣" can't be followed by objects directly, only used in the pattern:"对 +objects+ 感兴趣". For example:

（1）我对他们的生活感兴趣。　I'm interested in their lives.

（2）他对汉语感兴趣。　He is interested in Chinese.

（3）我们对不懂的东西感兴趣。　We are interested in what we don't know.

练　习 Exercise

一、语音练习 Pronunciation Exercises.

1. 朗读下面的音节 Read the following syllables aloud.

kànwàng　guòwǎng　yóuxì　jiǔxí

Jiǔzhàigōu　nǚpéngyou　gǎn xìngqù　hěn piàoliang

shǎoshù mínzú　fēngjǐng míngshèng

2. 朗读下面的句子并注意重音

Read aloud the following sentences, paying attention to the accent.

1. 听说九寨沟很漂亮。
2. 我跟我女朋友去西安、敦煌。
3. 去那么远的地方时间够吗？
4. 你要早点去买火车票啊。
5. 我对他们的生活很感兴趣。

二、模仿例句造句 Make sentences imitating the examples.

1. 听说九寨沟很漂亮——听说九寨沟很漂亮，我想去玩一玩。

他生病了

贝利要回国了

星期天看球赛的人很多

国庆放假一周

在网吧上网很便宜

2. 去那么远的地方——去那么远的地方时间够吗？

买那么多东西

写那么多信

参观那么多地方

三、用“对……感兴趣”说一说你的爱好

Use “对…感兴趣” to talk about your hobbies.

四、把课文改写成小短文 Change the text into a short passage.

五、根据下面的材料对话

Make a conversation with reference to the following information.

国庆节要到了，放假一周。

A 想去海口，听说海口很漂亮，可以游泳、潜水，还可以看看海滩。

B 想去九寨沟和黄龙，听说那儿的水最美丽，而且只要四天，可以休息休息。

C 想去中国朋友的家里，离学校不太远，坐汽车两个小时。

六、信息差会话：委婉说明想法或态度

Conversation based on finding out the missing information: expressing one's views or attitudes in moderate tone.

1 分别阅读材料

今天你不想学习。现在你不想看书。

现在你不想上课。今天你很想学习。

现在你很想看书。现在你很想上课。

2 会话练习

按照阅读材料向老师说明你的想法，但是不能直接说。要换一个说法。

第十九课

我想请你来我家吃饭

Dì-shíjiǔ kè　Wǒ xiǎng qǐng nǐ lái wǒ jiā chīfàn

I

谢明：喂，是杰克吗？

杰克：对，您是……

谢明：我是谢明。

杰克：哦，是你呀，谢明，你好吗？

谢明：我很好。杰克，后天下午你有空吗？

杰克：有空，有事吗？

谢明：后天是中秋节，
我想请你来我家吃饭。

杰克：谢谢，我太高兴了。后天什么时候？

谢明：下午四点吧。

杰克：下午四点半？

谢明：不，四点。

杰克：我可以带玛丽一起来吗？

谢明：当然可以。

杰克：那后天见。

谢明：后天见。

Xiè Míng: Wèi, shì Jiékè ma?

Jiékè: Duì, nín shì……

Xiè Míng: Wǒ shì Xiè Míng.

Jiékè: Ō, shì nǐ ya, Xiè Míng, nǐ hǎo ma?

Xiè Míng: Wǒ hěn hǎo. Jiékè, hòutiān xiàwǔ nǐ yǒukòng ma?

Jiékè: Yǒukòng, yǒu shì ma?

Xiè Míng: Hòutiān shì Zhōngqiū Jié, wǒ xiǎng qǐng nǐ lái wǒ jiā chīfàn.

Jiékè: Xièxie, wǒ tài gāoxìng le. Hòutiān shénme shíhou?

Xiè Míng: Xiàwǔ sì diǎn ba.

Jiékè: Xiàwǔ sì diǎn bàn?

Xiè Míng: Bù, sì diǎn.

Jiékè: Wǒ kěyǐ dài Mǎlì yìqǐ lái ma?

Xiè Míng: Dāngrán kěyǐ.

Jiékè: Nà hòutiān jiàn.

Xiè Míng: Hòutiān jiàn.

2

（在玛丽的门口，杰克敲门）

玛丽：谁呀？

杰克：是我，杰克。

玛丽：哦，杰克，进来吧。

杰克：后天是中国的中秋节，谢明请我去他家吃饭，你也去吧。

玛丽：我可以去吗？

杰克：当然可以，都是朋友嘛。

玛丽：那我们带什么礼物去呢？

杰克：买一瓶葡萄酒怎么样？

玛丽：好，买一瓶红葡萄酒。

(Zài Mǎlì de ménkǒu, Jiékè qiāomén)

Mǎlì: Shéi ya?

Jiékè: Shì wǒ, Jiékè.

Mǎlì: Ō, Jiékè, jìnlái ba.

Jiékè: Hòutiān shì Zhōngguó de Zhōngqiū Jié, Xiè Míng qǐng wǒ qù tā jiā chīfàn, nǐ yě qù ba.

Mǎlì: Wǒ kěyǐ qù ma?

Jiékè: Dāngrán kěyǐ, dōushì péngyou ma.

Mǎlì: Nà wǒmen dài shénme lǐwù qù ne?

Jiékè: Mǎi yì píng pútáojiǔ zěnmeyàng?

Mǎlì: Hǎo, mǎi yì píng hóngpútáojiǔ.

生　词 New Vocabulary

1. 后天	（名）	hòutiān	the day after tomorrow
2. 下午	（名）	xiàwǔ	afternoon
3. 半	（数）	bàn	half
4. 当然	（副）	dāngrán	of course, without doubt
5. 敲	（动）	qiāo	knock
6. 进	（动）	jìn	come
7. 进来	（动）	jìnlái	come in
8. 都	（副）	dōu	all
9. 呀	（助）	yā	*aux. used in place of* **“啊”** *when the preceding character ends in sound* a e i o or ü
10. 嘛	（助）	ma	*aux. indicating affirmation*
11. 礼物	（名）	lǐwù	gift, present
12. 红葡萄酒	（名）	hóngpútáojiǔ	red wine

专　名 Proper Nouns

中秋节	Zhōngqiū Jié	the Mid-autumn Festival

注　释 Explanatory Notes

1.您是……

在说话中拉长声音缓缓停顿下来，不往下说，其实是要求对方介绍自己的情况。对陌生人或在电话上确认对方的身份时常用这种方法，例如：

The structure 您是…is used to ask in a polite manner for the name and identity of someone you don't know or the identity of a person on the telephone. The word "是" should be dragged out and then come to a halt slowly. For example:

(1) A：您是……	You are...
B：哦，我是谢明。	Oh, I'm Xie Ming.
(2) A：您是……	You are...
B：不认识我啦？	You don't know me?
(3) A：您是……	You are...
B：我是你同学的同学。	I'm the classmate of your classmate.

2.嘛

语气助词。表示不可置疑的肯定语气。例如：

An auxiliary word of expression indicating affirmation or approval. For example:

(1) 去吧，都是朋友嘛。	Well, go. We are all among friends.
(2) 去嘛，我们都要去。	All of us will go there, why don't you go with us?
(3) A：谁来帮帮我？	Who can help me?
B：我嘛。	I can.

练　习 Exercise

一、语音练习 Pronunciation Exercises.

1. 朗读音节 Read the following syllables aloud.

nǐ hǎo ma	wǒ hěn hǎo	yǒu shì ma	wǒ méikòngr
Zhōngqiū Jié	Shèngdàn Jié	pútáojiǔ	kāfēi guǎn

míngcài　　xiǎochī　　tèsè cài　　xiānměi

2. 朗读下面的句子并注意重音

Read aloud the following sentences, paying attention to the accent.

1 后天下午你有空吗?

2 我想请你来我家吃饭。

3 我可以带玛丽一起来吗?

4 去吧，都是朋友嘛。

5 好，买一瓶红葡萄酒。

二、替换练习 Word replacement exercises.

1 后天下午你有空吗?

明天晚上

这个周末

下个星期一

这两天

下课以后

2 我想请你来我家吃饭。

去跳舞

去俱乐部玩

参加我的生日晚会

教我骑自行车

带我去银行

3 我可以带玛丽一起来吗?

妹妹　去看电影

我的猫　去城里

他　去散步

词典　参加考试

面包　到教室

三、完成对话 Complete the dialogue.

A：________________?

B：有空。有什么事?

A：________________。

B：谢谢，我太高兴了。______________？
A：上午9：00，好吗？
B：________________________。

四、用杰克的语气复述第一段对话，用玛丽的语气复述第二段对话

Retell the first dialogue using Jack's manner of speaking, retell the second dialogue using Mary's manner of speaking.

五、根据下面的情境对话 Make a conversation with reference to the following situations.

1. 请朋友看电影。
2. 请朋友吃小吃。
3. 朋友请你和同屋参加他的生日晚会，商量一下带什么礼物给他。

六、信息差会话：了解或说明商品的单位或价格

Conversation based on finding out the missing information: knowing about the units or prices of the goods.

1. 共同阅读材料

帽子，一顶8元；衣服，一件100元；鞋子一双70元；
毛巾，一条8元；眼镜，一副70元；裤子，一条200元；
手表，一块30元；钢笔，一支20元；裙子，一条50元。

2. 分别阅读材料

你卖帽子、眼镜、裙子。
你卖衣服、裤子、鞋子。
你卖毛巾、手表、钢笔。
你买帽子。
你买鞋子。
你买手表。
你买眼镜和毛巾。
你买裤子和钢笔。
你买裙子、鞋子和毛巾。
你买鞋子和毛巾。
你买裤子和钢笔。
你买帽子和钢笔。

你买帽子和眼镜。

你买衣服和毛巾。

你买手表和钢笔。

3 会话练习

按照材料找到卖东西的人买东西。

生词表

生词	词性	拼音	注释	课号
			A	
啊	（助）	ā	*an interjection indicating greetment/approval*	(12)
啊	（叹）	à	oh *(used in direct address and exclamation)*	(4)
			B	
吧	（助）	ba	*an imperative particle, used with a suggestion*	(2)
八	（数）	bā	eight	(7)
爸爸	（名）	bàba	father	(7)
百	（数）	bǎi	hundred	(16)
班	（名）	bān	class	(7)
半	（数）	bàn	half	(19)
冰镇	（动）	bīngzhèn	iced (drinks, etc.)	(8)
不	（副）	bù	no; not	(3)
不错	（形）	búcuò	not bad, pretty good	(13)
不用	（副）	búyòng	no need, don't have to	(3)
			C	
餐厅	（名）	cāntīng	dining hall, restaurant	(5)
厕所	（名）	cèsuǒ	toilet, watercloset	(15)
次	（量）	cì	*a measure word for times, occurrences*	(8)
错	（形）	cuò	wrong, mistaken	(16)
茶	（名）	chá	tea	(5)
常	（副）	cháng	often	(14)
吃	（动）	chī	eat	(5)
			D	
打	（动）	dǎ	*a generalized verb of doing with specific meaning determined by its object. In this case it means "dial".*	(9)
大	（形）	dà	big, large	(9)

带	（动）	dài	take	(16)
单子	（名）	dānzi	bill	(16)
当然	（副）	dāngrán	naturally, without doubt	(19)
蛋糕	（名）	dàngāo	cake	(9)
到	（动）	dào	get	(15)
得	（助）	de	*a particle used with resultative verbs*	(13)
的	（助）	de	*a noun-forming particle*	(6)
地方	（名）	dìfang	place	(17)
地图	（名）	dìtú	map	(15)
点	（名）	diǎn	*a measure word for time (hour of the day)*	(9)
点儿	（量）	diǎnr	*a measure word for small amounts; a little*	(8)
电话	（名）	diànhuà	telephone	(9)
都	（副）	dōu	all	(19)
动物园	（名）	dòngwùyuán	zoo	(15)
对	（形）	duì	right, yes	(2)
对	（介）	duì	*a preposition meaning "to, in"*	(18)
对不起	（动）	duìbuqǐ	excuse me; sorry	(12)
多	（形）	duō	many, numerous	(3)
多少	（代）	duōshao	how much, how many	(8)

E

E-mail			E-mail	(10)
二	（数）	èr	two	(8)

F

发	（动）	fā	send out, deliver, distribute	(10)
饭	（名）	fàn	meal, rice	(5)
放假	（动）	fàngjià	have a holiday; have a day off	(17)
分	（名）	fēn	*a measure word for time (minutes)*	(9)
封	（量）	fēng	*a measure word for letters*	(10)
附近	（名）	fùjìn	nearby, neighbourhood	(15)

G

感兴趣		gǎn xìngqù	be interested in	(18)
高兴	（形）	gāoxìng	happy	(14)
哥哥	（名）	gēge	elder brother	(7)

个	（量）	gè	*a measure word for people/things*	(7)
给	（动）	gěi	give	(8)
给	（介）	gěi	for, for the benefit of	(9)
跟	（连）	gēn	with	(14)
公共	（形）	gōnggòng	public	(15)
公共厕所		gōnggòng cèsuǒ	public toilet, lavatory, comfort station	(15)
公共汽车		gōnggòng qìchē	bus	(15)
够	（动）	gòu	be enough	(18)
拐	（动）	guǎi	turn	(15)
关	（动）	guān	close	(17)
贵	（形）	guì	expensive	(11)
贵姓	（名）	guìxìng	（May I ask）your（family）name?	(6)
国	（名）	guó	country, nation	(4)
过	（动）	guò	cross	(15)

H

嗨	（叹）	hāi	*an interjection similar in meaning to "hey!"*	(13)
还	（副）	hái	still, yet	(10)
好	（形）	hǎo	good, fine	(1)
好	（形）	hǎo	OK, all right, good	(2)
好吃	（形）	hǎochī	tasty, good to eat	(5)
好玩儿	（形）	hǎowánr	interesting, amusing	(14)
号	（名）	hào	date (of the month)	(9)
号码	（名）	hàomǎ	number	(12)
喝	（动）	hē	drink	(5)
和	（连）	hé	and	(13)
很	（副）	hěn	very	(3)
红葡萄酒	（名）	hóngpútáojiǔ	red wine	(19)
后	（名）	hòu	later, after, behind	(11)
后边	（名）	hòubian	behind, back	(5)
后天	（名）	hòutiān	the day after tomorrow	(19)
换	（动）	huàn	change	(15)
回	（动）	huí	return, go back	(14)
回来	（动）	huílái	return, come/be back	(13)
火车	（名）	huǒchē	train	(15)

J

几	（数）	jǐ	a few, how many	(7)
寄	（动）	jì	send, post, mail	(10)
家	（名）	jiā	home, house, family	(7)
见	（动）	jiàn	see, meet	(12)
叫	（动）	jiào	call, name	(4)
介绍	（动）	jièshào	introduce	(13)
斤	（量）	jīn	*unit of weight equal to 1/2 kg.*	(8)
今天	（名）	jīntiān	today	(9)
近	（形）	jìn	close, near	(6)
进	（动）	jìn	come	(19)
进来	（动）	jìnlái	come in	(19)
进去	（动）	jìnqù	enter, go in	(13)
九	（数）	jiǔ	nine	(7)
就	（副）	jiù	exactly, precisely, just	(3)
觉得	（动）	juéde	feel, think	(13)
俱乐部	（名）	jùlèbù	club	(12)

K

开始	（动）	kāishǐ	begin	(17)
看	（动）	kàn	look	(15)
看见	（动）	kànjiàn	see	(9)
可以	（助动）	kěyǐ	can, may	(11)
可是	（连）	kěshì	but, yet, however	(13)
课	（名）	kè	class, lesson	(17)
口	（量）	kǒu	*a measure word for people*	(7)
口语	（名）	kǒuyǔ	spoken language	(6)
块	（量）	kuài	Chinese "dollar"	(8)
矿泉水	（名）	kuàngquánshuǐ	mineral water	(8)

L

来	（动）	lái	come	(8)
老师	（名）	lǎoshī	teacher	(3)
了	（助）	le	*a particle indicating a new situation*	(4)
离	（介）	lí	distant, apart from	(5)
礼物	（名）	lǐwù	gift, present	(19)

练习	（动）	liànxí	practise	（14）
两	（数）	liǎng	two	（7）
两	（量）	liǎng	*unit of weight equal to about 50g*	（8）
留学生	（名）	liúxuéshēng	foreign student	（2）
六	（数）	liù	six	（8）
路	（名）	lù	route	（15）
路口	（名）	lùkǒu	crossing, intersection	（15）

M

吗	（助）	ma	*a question particle*	（2）
嘛	（助）	ma	*aux. indicating affirmation*	（19）
妈妈	（名）	māma	mother	（6）
买	（动）	mǎi	buy, purchase	（8）
毛	（量）	máo	Chinese "dime", *equal to 1/10 kuai*	（8）
没关系		méi guānxi	not at all	（14）
没有	（动）	méiyǒu	not have; there is not; be without	（7）
美元	（名）	měiyuán	US dollor	（16）
妹妹	（名）	mèimei	younger sister	（7）
门	（名）	mén	door	（17）
面包	（名）	miànbāo	bread	（8）
民族	（名）	mínzú	nationality	（18）
明天	（名）	míngtiān	tomorrow	（9）
名字	（名）	míngzi	name, given name	（6）

N

哪	（代）	nǎ	which	（4）
那	（代）	nà	that	（8）
那	（连）	nà	then, in that case	（9）
那么	（代）	nàme	so	（18）
哪儿	（代）	nǎr	where	（1）
那儿	（代）	nàr	there	（1）
难	（形）	nán	difficult	（13）
男	（形）	nán	boy, male	（10）
男孩	（名）	nánhái	boy	（13）
男朋友	（名）	nánpéngyou	boyfriend	（10）
呢	（助）	ne	*a particle marking questions about a subject already mentioned*	（5）

你	（代）	nǐ	you	（1）
你们	（代）	nǐmen	you （plural）	（6）
您	（代）	nín	you （formal）	（3）
年级	（名）	niánjí	grade, year (in a school)	（13）
女	（形）	nǚ	girl, female	（9）
女朋友	（名）	nǚpéngyou	girlfriend	（9）

O

噢	（叹）	ō	oh	（15）

P

牌价	（名）	páijià	list price, exchange quotation	（16）
旁边	（名）	pángbiān	next to, side	（11）
朋友	（名）	péngyou	friend	（7）
票	（名）	piào	ticket	（13）
漂亮	（形）	piàoliang	pretty, beautiful	（10）
便宜	（形）	piányi	inexpensive, cheap	（11）
瓶	（量）	píng	*a measure word for bottles, flasks*	（8）
苹果	（名）	píngguǒ	apple	（8）

Q

七	（数）	qī	seven	（10）
骑	（动）	qí	ride	（15）
汽车	（名）	qìchē	bus, car	（15）
千	（数）	qiān	thousand	（16）
前	（名）	qián	ahead	（15）
钱	（名）	qián	money	（8）
敲	（动）	qiāo	knock	（19）
请	（动）	qǐng	request, ask (a favor)	（1）
请问	（动）	qǐngwèn	Excuse me, may I ask...	（1）
去	（动）	qù	go	（2）

R

人	（名）	rén	person	（4）
人民币	（名）	rénmínbì	Renminbi	（16）
日圆	（名）	rìyuán	yen	（16）

S

三	（数）	sān	three	(7)
四	（数）	sì	four	(8)
宿舍	（名）	sùshè	dormitory	(2)
酸奶	（名）	suānnǎi	yoghurt	(8)
少	（形、动）	shǎo	be short of, lack	(16)
少数	（名）	shǎoshù	minority	(18)
上课	（动）	shàngkè	have class	(17)
上网	（动）	shàngwǎng	surf the internet	(11)
什么	（代）	shénme	what	(5)
生活	（名）	shēnghuó	life	(18)
生日	（名）	shēngrì	birthday	(9)
十	（数）	shí	ten	(7)
时候	（名）	shíhou	(duration of) time, moment	(12)
时间	（名）	shíjiān	time	(18)
是	（动）	shì	be	(2)
事	（名）	shì	matter, event, affair, thing	(9)
书店	（名）	shūdiàn	bookstore	(15)
数	（动）	shǔ	count	(16)
谁	（代）	shéi；shuí	who	(7)
说	（动）	shuō	speak	(14)

T

他	（代）	tā	he, him	(14)
他们	（代）	tāmen	they, them	(18)
太	（副）	tài	very, extremely, so	(4)
填	（动）	tián	fill in	(16)
跳	（动）	tiào	dance, jump	(13)
跳舞	（动）	tiàowǔ	dance	(12)
听说	（动）	tīngshuō	hear (of); It's said that...; to be told	(18)
同屋	（名）	tóngwū	roommate	(4)
图书馆	（名）	túshūguǎn	library	(11)

W

外文	（名）	wàiwén	foreign language	(15)
完	（动）	wán	run out, use up	(16)

玩儿	（动）	wánr	entertain oneself, play	（14）
晚上	（名）	wǎnshang	evening	（12）
万	（数）	wàn	ten thousand	（16）
往	（介）	wǎng	to, be bound for/towards	（15）
忘	（动）	wàng	forget	（16）
网吧	（名）	wǎngbā	internet cafe, internet bar	（11）
喂	（叹）	wèi	hello; hey	（12）
位	（量）	wèi	*a measure word for people*	（12）
为什么		wèi shénme	why, how come	（10）
问	（动）	wèn	ask	（1）
问题	（名）	wèntí	question	（17）
我	（代）	wǒ	I, me	（2）
我们	（代）	wǒmen	we, us	（2）
五	（数）	wǔ	five	（7）

X

西餐	（名）	xīcān	Western food	（5）
喜欢	（动）	xǐhuan	like, love, be fond of	（10）
系	（名）	xì	department (in a college)	（13）
下	（名）	xià	below, underneath, next	（8）
下课	（动）	xiàkè	finish class	（17）
下午	（名）	xiàwǔ	afternoon	（19）
先生	（名）	xiānsheng	sir	（15）
现在	（名）	xiànzài	now, at present	（9）
小时	（名）	xiǎoshí	hour	（11）
想	（助动）	xiǎng	want to, would like to	（11）
些	（量）	xiē	a few	（10）
写	（动）	xiě	write	（10）
谢谢	（动）	xièxie	thank you	（1）
新	（形）	xīn	new	（2）
信	（名）	xìn	letter, mail	（10）
星期	（名）	xīngqī	week	（9）
行	（形）	xíng	all right	（14）
姓	（动）	xìng	surname, family name	（6）
兴趣	（名）	xìngqù	interest	（18）
学生	（名）	xuésheng	student	（2）

学校	（名）	xuéxiào	school	(11)

Y

呀	（助）	yā	aux. used in place of “啊” when the preceding character ends in sound ɑ e i o or ü	(19)
要	（动）	yào	want, wish (to), ask (for), need	(8)
也	（副）	yě	also, too, as well	(11)
一	（数）	yī	one	(8)
一共	（副）	yígòng	altogether, in total	(8)
一下	（量）	yíxià	one time, once	(13)
以后	（名）	yǐhòu	after	(14)
已经	（副）	yǐjīng	already	(9)
一般	（副）	yìbān	generally, ordinarily, commonly	(11)
一起	（副）	yìqǐ	together	(2)
一直	（副）	yìzhí	all along, straight	(15)
银行	（名）	yínháng	bank	(16)
英语	（名）	Yīngyǔ	English language	(13)
邮票	（名）	yóupiào	stamp	(10)
有	（动）	yǒu	has, have	(7)
有点儿	（副）	yǒudiǎnr	a little bit, somewhat, rather	(13)
有意思		yǒu yìsi	interesting, significant, meaningful, enjoyable	(13)
右	（名）	yòu	right	(15)
用	（动）	yòng	spend	(16)
元	（量）	yuán	*yuan*	(16)
远	（形）	yuǎn	far (away)	(3)
月	（名）	yuè	month	(9)

Z

在	（动）	zài	be at/in/on	(1)
再	（副）	zài	again, once more	(8)
再见	（动）	zàijiàn	good-bye, see you again	(1)
糟糕	（形）	zāogāo	terrible, too bad	(16)
早	（形）	zǎo	early	(18)
怎么	（代）	zěnme	how	(15)
怎么样	（代）	zěnmeyàng	how; What do you think?	(12)
自行车	（名）	zìxíngchē	bike, bicycle	(15)

走	（动）	zǒu	go	(15)
左右	（名）	zuǒyòu	about, around	(11)
坐	（动）	zuò	take, travel by	(15)
作业	（名）	zuòyè	task, work	(14)
站	（名）	zhàn	station	(15)
张	（量）	zhāng	*a measure word for flat objects (stamps, paper, etc.)*	(10)
找	（动）	zhǎo	look for, give change	(8)
照片	（名）	zhàopiàn	photograph	(7)
这	（代）	zhè	this	(7)
这儿	（代）	zhèr	here	(3)
这么	（代）	zhème	such	(9)
这样	（代）	zhèyàng	so, such, like this	(14)
这些	（代）	zhèxiē	these few	(10)
真	（副）	zhēn	really, truly, indeed	(10)
知道	（动）	zhīdào	know	(15)
中餐	（名）	zhōngcān	Chinese food	(5)
中文	（名）	Zhōngwén	Chinese language	(13)
种	（量）	zhǒng	*a measure word meaning "kind, sort, type"*	(8)
周	（名）	zhōu	week	(17)
周末	（名）	zhōumò	weekend	(12)

图书推荐
Highlights

HSK核心词汇天天练（上、中、下）
One Hour Per Day to a Powerful HSK Vocabulary (3 volumes)

210×285 mm

▲汉英 Chinese–English edition
Vol Ⅰ: ISBN 9787802005945，214pp，¥49.00
Vol Ⅱ: ISBN 9787802005952，214pp，¥49.00
Vol Ⅲ: ISBN 9787802005969，214pp，¥49.00

HSK语法精讲精练
Practising HSK Grammar

▲汉英 Chinese–English edition
ISBN 9787802004511
210×235mm，252pp
¥58.00

汉语病句辨析九百例
Error Analysis of 900 Sample Sentences

▲汉英 Chinese–English edition
ISBN 9787800525155
140×200mm，332pp
¥35.00

简明汉语语法
A Concise Chinese Grammar

▲汉英 Chinese–English edition
ISBN 9787800525483
138×200mm，244pp
¥22.80

汉语语法难点释疑
Difficult Points in Chinese Grammar

▲汉英 Chinese–English
ISBN 9787800522024
140×200mm，245pp
¥29.00

汉语语法新通路
New Path Getting over Chinese Grammar

▲汉英 Chinese–English edition
ISBN 9787802006133
185×260mm，176pp
¥29.00

100句式汉语通
Learn Chinese Through 100 Sentence Frames

▲汉英 Chinese–English
ISBN 9787513800365
210×285mm，121pp
¥49.00

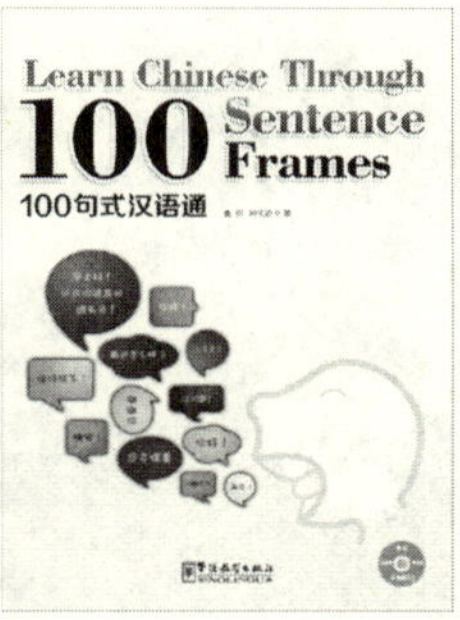

责任编辑：曲　径
封面设计：火天堂
插　　图：李　戈　李白迪
印刷监制：佟汉冬

图书在版编目（CIP）数据
阶梯汉语．初级口语．Ⅰ/ 刘荣等编著．—北京：华语教学出版社，2007
ISBN 978-7-80200-259-3

Ⅰ. 阶… Ⅱ. 刘… Ⅲ. 汉语—口语—对外汉语教学—自学参考资料 Ⅳ. H195.4

中国版本图书馆CIP数据核字（2006）第150438号

初级口语　Ⅰ
刘　荣　主编
*

华语教学出版社出版
（中国北京百万庄大街24号　邮政编码100037）
电话：(86) 10-68320585, 68997826
传真：(86) 10-68997826, 68326333
网址：www.sinolingua.com.cn
电子信箱：hyjx@sinolingua.com.cn
北京密兴印刷有限公司印刷
2007年（大16开）第1版
2012年第1版第3次印刷
（汉英）
ISBN 978-7-80200-259-3
9-CE-3779PA
定价：46.00元